KB138570

불평등
정치

우리가 정치에 대해 말하지 않은 24가지 ✕

불량정치

노정태 지음

인물과
사상사

다들 그런 경험이 있을 것이다. 누군가에게 뭔가 잘못되었다고 지적해야 하는데, 너무도 많은 부분에서 한꺼번에 다 틀리고 있다면, 도리어 할 말이 없어진다. 영어로는 'total crisis', 한국어로는 '총체적 난국'이라고 부르기도 하는 그런 상황 말이다.

2017년 박근혜 대통령을 탄핵하고 새 대통령을 뽑을 때 국민들이 기대했던 것은 이런 게 아니었다. 우리는 좀더 투명하고, 정직하고, 책임지는 정치를 원했다. 정치가 정치다운 모습을 보이기를, 그래서 온 국민이 자신의 삶을 스스로 개척하고 일궈나가는 데 든든한 동반자가 되기를, 적어도 발목을 잡지는 않기를 희망했다. 2021년 현재 그런 기대는 온데간데없다. 우리에게 남은 것은 그저 이런 질문뿐이다. 문재인 정권은 왜 이러는 걸까? 어쩌다 이렇게 되어버렸을까?

어떤 사람은 문재인 정권이 나쁜 의도를 품고 대한민국을 일부러 망가뜨리고 있다고 주장할 것이다. 반면 비록 조국 전 법무부 장관과 그 가족의 입시 비리와 사모펀드로 크게 실망을 했더라도 기존 진보 진영의 담론과 의제에 동의하는 사람도 있다. 그런 사람이라면 문재인 정권은 선한 의지를 지니고 있으되 그것을 실천할 만한 역량이 없고 준비가 덜 되었을 뿐이었다고 생각할 것이다. 둘 중 무엇이 정답이라고 딱 잘라 말할 일은 아니다. 의지의 문제건 실력의 문제건 결론은 같다.

문재인 정권의 지난 4년은 '불량 정치'의 시대였다. '우리이니 하고 싶은 대로 해'라고 외치는 한 줌의 극성 지지층만을 바라보는 정치. 정치인의 언어라고 믿기 힘든 '말'이 난무하는 정치. 북한을 향한 맹목적 애정 표현 외에는 아무런 계획이나 대안도 없는 정치. 온 나라를 민둥산으로 만들고 태양광 패널을 덮으며 탄소를 뿜어내는 기후 악당 정치. 소득주도성장이라는 미명하에 성장 잠재력을 깎아먹으면서도 그 책임자를 문책하는 대신 영전시키는 무책임의 정치. 180석의 힘을 믿고 기상천외한 법을 하루아침에 뚝딱 만들어 제대로 된 논의 없이 통과시키는 떼법 정치.

우리의 정치는 이렇게 불량해졌다. 무뢰한들이 정치를 하는 것만 같다. 불량 정치에 끌려다니다 보니 우리의 민주주의, 법치주의, 자본주의가 통째로 불량품이 되어간다. 국뽕에 취해 있는 이들의 귀에는 들어오지 않겠지만, 이미 여러 곳에서 위험 신호가 울려 퍼지고 있다. 이대로 가면 대한민국의 미래는 매우 어둡다. 돌이키기 어려울 정도로 망가지고 있다.

우리의 정치·사회·문화를 불량하게 만드는 원인에 대해, 해외 언론 보도를 직접 확인하며 학자와 정치인들이 논거로 삼는 책을 읽고 내용을 소화해 전하고자 했다. 그 내용은 이 책의 말미에 '참고문헌'으로 제시되어 있다. 10대 말부터 20대 내내, 여러 출판사에서 나온 시사·정치·사회 관련 책을 읽으며 나는 '좀더 깊게 알고 싶다'는 지적 갈증에 시달리기도 했다. 그때의 나와 비슷한 갈증을 느끼는 젊은 독자들에게 이 참고문헌이 조금이나마 도움이 될 수 있기를 바란다.

이 책은 2020년 5월부터 『신동아』에 연재한 칼럼 중 일부를 주제에 따라 모으고 편집한 것이다. 그 후 사실관계가 변한 대목은 따로 표기를 했지만 큰 수정을 가하지는 않았다. 칼럼을 쓰고 책으로 엮는 동안 문재인 정권이 전혀 달라지지 않았기 때문이다.

지금까지 담당을 맡아준 고재석 기자와 『신동아』 편집부에 감사의 말씀을 드린다. 지난 1여 년 동안 연재를 지켜보며 이렇게 책으로 출간해준 인물과사상사에도 감사의 말씀을 드린다. 마지막으로, 불량 정치를 극복하고 선량한 정치를 회복해 대한민국을 우량 국가로 만들기 위한 여정에 기꺼이 함께해주고 있는 독자 여러분께 감사의 뜻을 전한다.

2021년 7월

노정태

차례

책머리에 4

제1장
**민주주의와
반민주주의**

한국인들은 왜 민주주의에 반감을 가질까?

민주주의에 대한 균열 15 | 한국은 정치 후진국 18 | 공수처와 가짜뉴스 22 | 의회와 정당이 중심이 되는 민주주의 23

민주주의는 어떻게 위기에 빠지는가?

위기의 민주주의 26 | 할리우드는 왜 찬사를 보냈을까? 29 | 민주화는 386세대가 독점할 수 없다 31 | 브라만 좌파와 강남 좌파 34

제2장
**민주화
세대와
조국**

민주화 세대는 없다

386세대는 민주화 세대가 아니다 41 | 민주화 세대라는 훈장 45 | 민주화 세대는 누구인가? 48 | 386세대를 지배하는 반미 이데올로기 50 | 학생 운동권의 '존재의 이유' 54

조국의 애국지사병

"너는 대체 어떤 종류의 사람이니?" 58 | 모든 것을 당연하게 여기는 강남 좌파 61 | 검찰개혁과 촛불시민 64 | 독립운동가의 자의식 66 | 내가 세상의 주인공이다, 덤벼라 운명아! 69

제3장
**공정과
여성 혐오**

완벽한 공정과 능력주의 사회

성취와 능력만 부각하는 세계관 77 | 청년 정치 사다리 걷어차기 81 | 엘리트주의를 감수하겠다 83 | 약자와 패배자에 대한 공감과 자비심 85

우리는 박수 칠 자격이 없다

악녀 장희빈과 이유 없는 적개심 90 | 가시밭길의 이름, 가부장제 93 | "엄마처럼 살지 마라" 95 | 여성 혐오의 생존자 98

제4장_____
**페미니즘과
이루다**

비정상적인 메갈리아 찾기 편집증

숨은 그림 찾기와 어떤 게임 103 | 어떤 사악한 세력이 숨겨놓은 신호가 있다 107 | 언론의 실패이자 정치의 실패 109 | 병적인 집착과 모욕 111

인공지능 이루다와 남성들의 성폭력

블랙핑크를 좋아하는 여대생 114 | "저에게는 성별이 없답니다" 118 | 이루다는 '싫다'고 하지 못한다 121 | 피와 살과 영혼을 지닌 인격체 124

제5장_____
**거짓말과
표현의 자유**

거짓은 진실을 이길 수 없다

나는 당신의 말에 동의하지 않지만 129 | 양심의 자유와 표현의 자유 133 | 자유민주주의의 등에 칼을 꽂다 135 | 진실 따위는 아랑곳하지 않는다 138

누가 국민의 입을 막는가?

파시즘의 논리와 지식인의 죽음 142 | 북조선의 개와 부시의 푸들 145 | 남북 관계에 찬물을 끼얹지 마라 148 | 삶은 소대가리와 미국산 앵무새 150

제6장_____ 팬덤 정치 잔혹사
**팬덤과
부족주의**   극성 친문의 문자 폭탄 157 | 부자 노인들의 정당 161 | 정당
보다 사람 163 | 참여하는 민심, 책임지는 당심 165

부족주의 시대의 정치
느슨한 애착에서 완전한 몰입까지 170 | 우리는 '부족의 시
대'에 살고 있다 174 | 바보 노무현에서 친박연대까지 177 |
우리 편과 남의 편을 나누다 180

제7장_____ 통계는 틀리지 않았다
**소득주도
성장과
문재인**   정조의 안목과 정약용의 탁월성 185 | 통계청장과 소득주도
성장 188 | 주먹구구식 통계 191 | 근대 국가의 민주주의는
정보의 민주주의 194

대통령의 말에 공신력이 사라졌다
대통령의 말을 믿을 수 없는 세상 197 | 1,368명이 사망했
을까? 199 | 탈원전 정책의 밑거름으로 삼다 201 | 선의의
거짓말과 악의의 거짓말 203

제8장_____ 케인스는 그렇게 말하지 않았다
**가덕도
신공항과
아파트**   폐광에 왜 돈을 파묻으라고 했을까? 209 | 풍자를 진지한 조
언으로 받아들이다 213 | 정부가 헛돈을 쓰면 경제성장에 도
움이 된다 216 | 케인스주의와 페론주의 218

아파트는 빵이 아니다

푸줏간 주인, 양조업자, 빵집 주인의 이기심 221 | 시장은 사람을 사람답게 만든다 225 | 걸인도 시장의 구성원이다 227 | 인간적 삶의 부정 230

제9장
원자력과
탈원전

탈원전을 멈춰라

원자력 반대에서 원자력 찬성으로 235 | 반핵·반전주의자 지미 카터 239 | 기후변화와 셰일 혁명 241 | "원자력, 갑시다" 244

탈원전을 위해 나무를 뽑다

도쿠가와 막부의 산림 관리 247 | 일본이 길가에 소나무를 심은 이유 250 | "산이 푸르게 변할 때까지 유럽에 안 가겠다" 253 | 나무를 뽑는 정권 256

제10장
K-방역과
프라이버시

코로나19와 프라이버시

코로나로 죽는 것은 낙타가 바늘구멍을 통과하는 것만큼 어렵다 261 | 세계는 K-방역에 열광하지 않았다 265 | K-방역 예찬론에 취해 놓친 것 268 | 방역의 정치화와 착한 국민 271

코로나19와 가정의례

의례준칙에서 가정의례에 관한 법률까지 274 | 1920년대 식민지 조선인들도 알았다 277 | 도시의 삶과 전통의 위축 280 | 만들어진 전통과 시월드 282

제11장_____ 보수 박정희와 진보 박정희
박정희와 5·16에는 밥도 있었지만, 시도 있었다 289 | 박정희는 보수
진보정당 인가, 진보인가? 293 | 잘살고 있는 사람들만 잘사는 나라
295 | 보수정당은 왜 '늙은 기득권 정당'이 되었는가? 298

진보정당이 허경영에게 패배한 이유
진보 진영의 몰락 302 | 현실 감각의 부재 306 | 소수자의 정
체성 정치 308 | 정의당은 왜 선거를 포기했을까? 310

제12장_____ 북한 판타지의 기원
북한과 무궁화꽃이 피었습니다 317 | 우리에게 힘이 되는 존재 321
김정은 | 우리의 소원은 전쟁 324 | 덜 군국주의적이며 더 휴머니즘
적인 서사 328

남한은 북한의 조력자인가?
'북한을 이긴다'와 '잘살아보세' 332 | 기아와 영양실조의 땅
335 | 낭만적 대북관과 구차한 대일관 338 | 반인륜적 만행
까지 저지르는 나쁜 친척 340

참고문헌 344

제1장

민주주의와
반민주주의

이것은 독재다.
적어도 민주주의는 아니다.
세계가치관조사가 제시한
'글로벌 스탠더드'에 따르면 그렇다.
민주주의는 대통령을 선거로 뽑는다고
완성되지 않는다.
의회와 정당이 중심에 서야
온전한 민주주의다.

한국인들은 왜 민주주의에 반감을 가질까?

민주주의에 대한 균열

2020년 8월 영국 시사주간지 『이코노미스트』에 흥미로운 칼럼이 실렸다. 문재인 정권이 피포위 의식siege mentality에 사로잡혀 있다는 내용이다. 『이코노미스트』는 문재인 정권이 비판 세력으로서 도덕적 권위를 획득하고 권력을 잡더니, 같은 기준이 자신들에게 적용되자 수긍하기는커녕 발끈하며 고소·고발을 일삼고 있다고 꼬집었다. 또 조국 전 법무부 장관의 명예를 훼손했다는 혐의로 우파 유튜버가 구속된 사실도 언급했다(전 『월간조선』 기자 우종창은 1심에서 징역 8개월을 선고받고 법정 구속되었으며, 2020년 10월 2심에서 징역 6개월에 집행유예 1년을 선고받았다).

국내 언론의 외신발發 보도 행태는 여러모로 아쉬운 점이 많다. 숱하게 일어나는 오역 논란을 제외하고 보더라도 그렇다. 개별 외신이 갖는 속성과 논조, 맥락을 전혀 염두에 두지 않는다. 자신이 지지하는 대상에 대해 긍정적인 뉘앙스의 발언이 나오면 기뻐하고, 부정적인 언급이 나오면 화를 내는 수준에서 벗어나고 있지 못하다.

『이코노미스트』의 칼럼에 대한 보도 역시 그랬다. 문재인 정권이 출범하던 시기부터 『월스트리트저널』을 정점으로 하는 해외 유력 경제지들이 우려를 표했던 것은 제대로 보도되지 않았다. 그나마 『이코노미스트』가 경제지 가운데 문재인 정권에 우호적인 편에 속하는 매체였다. 이 보도를 통해 비로소 입장을 바꾼 셈이다.

『이코노미스트』는 같은 호에서 근거를 제시했다. 하지만 이 내용은 국내 언론에 전혀 보도되지 않았다. 화제를 모은 칼럼은 우리가 다 알고 있던 내용을 정리해서 보도한 것이다. 반면 주목받지 못한 또 다른 보도는 우리가 안다고 생각하지만, 실은 몰랐던 점을 지적하고 있다. 그 내용은 의미심장한 차원을 넘어 섬뜩하다.

매주 발행되는『이코노미스트』의 마지막 페이지는 부고訃告 기사가 차지한다. 그 바로 앞에는 중요한 통계 수치를 도표로 만들어 소개하는 '그래픽 디테일graphic detail'이라는 코너가 있다. '전 세계적으로 민주주의에 대한 태도에 균열이 생겼다A rift in democratic attitudes is opening up around the world'라는 제목과 함께 웹사이트에 공개된 해당 기사는 한국 민주주의의 현실에 대해 우리가 알고 싶어 하지 않는 어떤 진실을 드러낸다. '산업화·민주화를 동시에 이룬 나라'라는 한국인의 자부심이 실은 사상누각에 지나지 않을 수 있다는 것 말이다.

세계가치관조사World Value Survey는 1981년부터 시행되었는데, 100여 개 국가에서 동일한 질문으로 설문조사를 수행한 후 그 결과를 비교하는 프로젝트다. 본부는 스웨덴의 수도 스톡홀름에 있다. 정치적으로 중립적인 비영리 기구로 정치·경제·사회·문화·종교 등 다방면에서 세계인의 가치관 변화를 긴 시간대에 걸쳐 가늠해볼 수 있는 척도로 인정받고 있다.

가장 최근 자료는 2017년 중반부터 2020년 초까지의 연구를 집약한 7차 조사Wave 7다. 한국인을 대상으로 한 설문조사는 2018년에 진행되었다. 촛불시위로 인해 박근혜 대통령이 탄핵되고 뒤이어 치러진 대선에서 문재인 후보가 대통령으로 당선된 지 1년가량의 시간이 흐른 뒤다.

한국은
정치 후진국

세계가치관조사에 따르면 한국 민주주의의 근간은 위태로워 보인다. '우리나라의 통치 방법으로써 다음의 내용에 대해 어떻게 생각하십니까?'라는 큰 주제하에, 238번 문항은 '의회와 정당이 중심이 되는 민주주의'에 대한 호오好惡를 묻고 있다. 한국인들의 응답 내용에 주목해야 한다. 원자료raw data를 확인해보면 '대단히 좋다' 18.5퍼센트, '약간 좋다' 51.6퍼센트, '약간 나쁘다' 25.1퍼센트, '대단히 나쁘다' 4.9퍼센트로 부정적인 응답이 30.0퍼센트에 달했다.

민주주의에 대한 이와 같은 수준의 반감은 1995~1998년 진행된 3차 조사Wave 3 당시 러시아에서나 나왔던 수치다. 옛 소련 몰락 이후 극도로 피폐해졌던 보리스 옐친Boris Yeltsin 대통령 집권 당시의 러시아 말이다. 같은 7차 조사를 놓고 비교해보더라도 문제는 여전하다. 블라디미르 푸틴Vladimir Putin 대통령이 종신 집권을 꾀하고 있는 러시아에서조차 의회와 정당이 중심이 되는 민주주의에 대한 부정적인 답변이 채 20퍼센트가 되지 않았다.

『이코노미스트』는 그래프를 통해 현재 정당과 의회가 중심이 된 민주주의에 대한 반감이 극히 큰 나라로 두 국가를 지목했다. 하나는 대한민국, 또 하나는 이라크다. 이라크인들은 의회와 정당이 중심이 되는 민주주의에 대해 약 40퍼센트가 약간 나쁘거나 대단히 나쁘다고 응답했다. 미국이 사담 후세인Saddam Hussein 정권을 무너뜨린 후 지금까지 혼돈의 늪에 빠져 있는 그 이라크가 '민주주의'라는 지표에서 한국과 비교 대상에 올라 있는 셈이다.

문재인 정권 들어 주로 30~40대에 만연한 '국뽕 서사'가 있다. 대한민국은 동아시아에서 유일하게 평화적·수평적으로 정권교체를 이루어낸 민주주의 선진국이라는 것이다. 짧은 시간에 산업화와 민주화를 모두 이루어낸 세계 유일의 국가! 코로나 바이러스가 퍼져가는 가운데 상대적으로 피해를 덜 입었다는, 이른바 'K-방역'의 승전보가 언론에 연일 울려 퍼지며 국민들의 들뜬 마음은 더욱 커져만 갔다.

얼마 전까지는 나 또한 일정 정도 이에 동의했다. 그것을 자칭 '민주화 세력'이 독점하고 있는 현실이 문제일 뿐이라고만 생각했다. 하지만 정당과 의회를 통한 민주주의에 대해 국민의 30퍼센트가 부정적인 시각을 갖고 있는 나라라면, 언제 어떤 식으로건 민주주의가 쓰러지거나 돌이킬 수 없이 망가진다 해도 하등 이상한 일이 아니다.

대한민국은 제도적 측면에서 볼 때 의심의 여지가 없는 민주주의 선진국이다. 반면 민주주의에 대한 인식만을 놓고 보면, 1990년대 후반 러시아나 오늘날의 이라크 등 민주주의가 망가져 있다고 평해도 과언이 아닌 나라와 비교될 수준이다.

이 결과를 이해하기 어려웠기에 나는 세계가치관조사 홈페이지www.worldvaluessurvey.org에 접속했다. 민주주의에 대한 호감 여부를 묻는 질문은 세계가치관조사의 4차 조사Wave 4에서 처음 등장했다. 다행히도 홈페이지를 통해 지난 설문조사 자료를 모두 다운로드받을 수 있었다. 해당 질문에 대한 한국인들의 응답 추이는 다음과 같다.

1995년에는 '의회와 정당이 중심이 되는 민주주의'에 대한 부정적인 응답이 15.2퍼센트로 지금의 절반 정도에 불과했다. 2001년에는 13.5퍼센트로 조금 더 낮아졌다. 2005년에는 22.8퍼센트, 2010년에는 24.6퍼센트가 '나쁘다' 혹은 '매우 나쁘다'라고 응답했다. 이렇듯 민주주의에 대한 불신이 특정 시점 이후로는 계속 커져가고 있다.

　지금 대한민국에는 10명 가운데 3명이 민주주의의 핵심인 정당과 의회에 대한 반감과 불신을 품고 있다. 민주주의에 대한 인식에서 한국은 러시아·이라크와 비교당해야 하는 정치 후진국이 되고 말았다. 현재의 문제인 정권만을 탓하기에는 무리가 있다. 그럼에도 부정적인 답변이 30퍼센트나 나온 책임은 문재인 정권에 있다고 보아야 한다. 대통령 탄핵이라는 초유의 사태 이후 분열과 상처를 어루만지고 민주적 제도와 절차에 대한 신뢰를 회복해 '87년 체제' 이후를 기획해야 할 역사적 과업을 제대로 수행했다면 결과가 달라졌을 테니 말이다.

공수처와
가짜뉴스

대통령 직선제는 김영삼과 김대중이라는 두 '보스 정치인'의 리더십으로 이루어졌다. 이제는 공정한 룰 rule과 투명한 제도, 합리적 소통에 터를 잡은 민주주의를 구성해야 할 때다. 그것이 박근혜 탄핵 정국 이후 온 국민의 염원이었다. 문재인이 이런 내용을 담은 개헌안을 취임 직후 발표했다면, 개헌도 불가능한 일은 아니었으리라.

너도 알고 나도 알고 『이코노미스트』도 알다시피 문재인은 정반대의 길을 걷고 있다. 정권 비리를 수사하는 검찰 수사팀을 뿔뿔이 찢어 사방팔방 좌천시켰다. 말끝마다 검찰개혁을 들먹이며 '고위공직자범죄수사처법(공수처법)'을 통과시켜놓더니, 야당이 협조하지 않자 이제는 야당을 완전히 배제한 채 공수처장을 임명할 수 있도록 법을 바꾸었다.

이것은 독재다. 적어도 민주주의는 아니다. 세계가치관조사가 제시한 '글로벌 스탠더드'에 따르면 그렇다. 민주주의는 대통령을 선거로 뽑는다고 완성되지 않는다. 의회와 정당이 중심에 서야 온전한 민주주의다. 대한민국은 정반대의 길로 가고 있다.

여당은 국회 상임위원회 위원장 자리를 모두 독식했다. 1987년 직선제 개헌 이후 전례가 없던 일이다. 마음에 들지 않는 판사와 공무원, 국회의원을 겁박하기 위해 '친위 조직' 인 공수처를 밀어붙였다. 입맛에 맞지 않는 뉴스를 '가짜뉴스'로 낙인찍고 처벌하겠다는 어엿한 독재 법안까지 들먹이고 있다.

여기서 한 가지 질문을 던져보자. 한국 민주주의를 '나쁘다'고 보는 30퍼센트는 대체 누구일까? 세계가치관조사가 제공하는 자료를 분석해보면 응답자의 성별, 연령, 정치 성향 등을 어느 정도 짐작해볼 수 있겠지만, 나는 그런 해석 방법론을 공부한 적이 없다. 그러므로 나는 어떤 확정적인 답을 하지는 않겠다.

의회와 정당이 중심이 되는 민주주의

다만 두 가지 사실만은 분명히 말할 수 있다. 첫째, 『이코노미스트』는 한국의 민주주의에 대해 심각한 우려를 표하고 있다. 특히 의회와 정당에 대한 한국인들의 불신과 반감의 수준은 통상적인 민주주의 선진국과는 차원이 다르게 나쁘다. 『이코노미스트』는 이를 통계와 그래프를 근거로 언급하고 있다. 둘째, 청와대와 여당이 민주주의를 앞세워 민주주의를 망가뜨리는 행보를 밟고 있는데도 정권에 대한 콘크리트 지지율이 흔들리지 않는다(2021년 6월 현재 문재인 정권의 지지율은 40퍼센트 정도다).

1987년 직선제 개헌 이래 법제사법위원회 위원장은 언제나 야당 몫이었다. 그것은 민주주의의 핵심인 정당정치와 의회주의가 작동하기 위한 최소한의 합의다. 그런데 2020년 6월 당시 SNS에서는 실명을 내걸고 번듯한 직함을 자랑하며 점잖은 말투로 문재인 정권의 '막가파 행태'를 옹호하는 고학력 인사들을 어렵잖게 볼 수 있었다.

의회 민주주의를 부정하는 정권에 철통같은 지지를 보낸 것이다. 이를 어떻게 해석해야 할까? 민주주의라는 제도나 가치가 아니라, 2020년 4월 국회의원 선거에서 이긴 문재인 정권만을 지지하는 행위로 보아야 하지 않을까? 그렇다면, 그중 일부 혹은 상당수가 '의회와 정당이 중심이 되는 민주주의'에 부정적으로 응답한 30퍼센트에 들어가리라 짐작할 수 있지 않을까?

젊은 층을 향해 호소하고 싶다. 민주주의는 한국인의 '종특(종족 특성)'도 아니고 대한민국의 '특산물'도 아니다. 대통령과 여당이 무슨 짓을 하건 '묻지마 지지'를 하는 것은 민주주의를 해치는 짓이다. 민주주의가 흔들리기 시작하면 경제가 위태로워진다. 정치 불안은 경제 불안으로 이어질 수밖에 없다.

짧은 시간 산업화와 민주화를 동시에 이룬 나라. 우리의 자랑거리다. 그러나 그 성취는 언제라도 무위無爲로 돌아갈 수 있다. 경제성장과 민주주의는 건전한 시민의 상식으로 가꾸고 지켜나가야 한다. 지금 우리는 불닭볶음면을 먹으며 '구독'과 '좋아요'를 눌러달라는 외국인 유튜버 같은 시선으로 우리를 보고 있다. 국뽕은 인민의 아편이다. 이제 깨어나 현실을 바라볼 때다.

민주주의는
어떻게
위기에
빠지는가?

위기의
민주주의

2021년 3월 3일, 조국 전 법무부 장관의 페이
스북에 짤막한 게시물이 올라왔다. 넷플릭스 다큐멘터리 〈위
기의 민주주의The Edge of Democracy〉(2019년)에 대한 소감문
이었다. 그리 길지 않을 뿐만 아니라 왜곡해 비판한다는 오

해를 피하기 위해 문장 전체를 인용해보도록 하겠다.

"일전 이 공간에서 넷플릭스 다큐멘터리 〈위기의 민주주의〉를 소개한 적이 있다. 이 다큐멘터리는 브라질에서 룰라 대통령이 어떻게 구속되는지, 후임자 지우마 대통령이 어떻게 탄핵되는지를 생생히 보여준다. 여기서 결정적 역할을 한 사람이 세르지우 모루 연방 판사(한국의 검사와 유사한 역할)의 '세차洗車 작전' 수사였다. 이 수사와 기소로 룰라-지우마 두 대통령이 이끌던 '노동당PT' 정부가 무너지고 난 후 극우파 정치인인 자이르 보우소나루 대통령이 집권을 한다. 그런데 모루는 보우소나루 대통령에 의하여 법무부 장관으로 발탁된다. 이후 모루는 보우소나루 대통령과의 불화로 사임하였고, 현재는 2022년 대선 출마를 고려하고 있다."

이 시점을 놓고 보면 이 글로 '저격'하는 상대가 누구인지는 분명하다. 문재인 정권의 적폐 청산 수사를 진두지휘해 검찰총장까지 수직상승했지만, 문재인과 갈등하다 사퇴한 윤석열 전 검찰총장을 노리고 있는 것이다(윤석열 전 검찰총장은 2021년 3월 3일 사임하고, 6월 29일 대선 출마를 선언했다).

곰곰이 생각하면 이상하다. 윤석열을 세르지우 모루Sérgio Moro에 비유한다면, 그가 지휘한 수사와 공판으로 유죄 선고를 받고 감옥에 간 박근혜 전 대통령이 루이스 이나시우

'룰라' 다 시우바Luiz Inácio 'Lula' da Silva 또는 지우마 호세프 Dilma Rousseff가 될 테니 말이다. 윤석열에게 '보은 인사'를 했지만 갈등을 빚은 문재인은 그렇다면 한국의 자이르 보우소나루Jair Bolsonaro라는 말인가?

잘못된 인용이 나온 게 조국 혼자만의 탓은 아니다. 추미애 전 법무부 장관 역시 '룰라는 우리 편, 모루는 저쪽 편'이라는 식의 관점으로 〈위기의 민주주의〉를 보고 페이스북에 감상문을 게재한 바 있다. 이재명 경기도 지사도 비슷한 관점으로 영화를 보았다. 2020년 12월 11일 김어준의 팟캐스트 〈다스뵈이다〉(143회)가 제공한 '연성 쿠데타' 논리를 그대로 반복하고 있는 것이다.

윤석열을 모루에 빗대는 것은 누워서 침 뱉기요 도끼로 제 발등 찍는 꼴이다. 그것은 앞서 지적한 바와 같다. 이제 좀더 본격적인 이야기를 해보자. 대체 브라질에서는 무슨 일이 벌어졌던 것일까? 〈위기의 민주주의〉는 그 사건을 어떤 식으로 해석해 전달하고 있을까? 우리가 진짜 배울 수 있고 배워야 하는 것은 무엇일까?

할리우드는
왜 찬사를 보냈을까?

〈위기의 민주주의〉는 2시간짜리 장편 다큐멘터리 영화지만 그 내용은 간단하다. 조국 전 장관이 요약한 그대로다. 선한 의지를 가진 불굴의 노동운동가 룰라와 그 정치적 후계자인 지우마를 브라질의 부패한 기득권층이 정치적으로 암살했다는 것이다.

브라질 정치의 구조상 부정부패는 늘 있어왔고 단번에 뿌리 뽑히지 않았다. 빈곤층과 유색인종으로 대표되는 브라질 민중을 위해 노동당 정부는 대대적인 복지 정책을 추구했다. 은행과 산업 자본가들은 그것을 못마땅하게 여겼다. 룰라는 워낙 인기가 많았고 그의 재임 기간 경기가 좋았기 때문에 건드리지 못했지만 지우마는 공략 가능한 대상이었다. 고문을 이겨낸 민주 투사이며 경제학자였지만, 정치적 스킨십이 부족했고 입장이 다르면 주변인까지 적으로 돌릴 만큼 정치적으로 서툴렀기 때문이다.

브라질의 기득권층은 지우마가 직접 뇌물을 받았다는 증거도 제시하지 못한 채, 몇몇 회계 처리를 분명히 하지 않았다는 사소한 빌미를 잡아 탄핵했다. 브라질 국회의원의 과

반수가 이런저런 비리에 얽혀 있음에도 적반하장으로 그에 대한 탄핵이 벌어졌다.

이 단순 명료한 선악 구도는 미국을 통해 세계적인 반향을 불러일으켰다. 『뉴욕타임스』, 『뉴요커』, 『가디언』 등 영향력 있는 매체와 할리우드의 스타 제작자, 감독, 배우 등이 열렬한 지지를 보냈다. 〈위기의 민주주의〉는 2020년 오스카상에서 장편 다큐멘터리 분야 후보로 노미네이트되는 영광을 누리기까지 했다.

〈위기의 민주주의〉는 기본적으로 촬영이 잘된 작품이다. 브라질 행정수도인 브라질리아는 현대 건축의 아이콘인 르코르뷔지에Le Corbusier의 아이디어에 기반해 만들어진 계획도시다. 모든 길이 곧고 길쭉하며 건물은 크고 시원시원하게 깔끔한 선으로 이루어져 있다. 영화는 그 전경을 다양한 각도에 담아 브라질 정치와 현대사를 훑어나간다. 눈 호강은 확실히 시켜준다.

하지만 내용은 놀라우리만치 부실하다. 너무도 일방적이고 편향적이다. 노동당 정권이 왜 몰락하게 되었는지에 대해 충분한 설명을 제공해주지 않는다. 감독이자 제작자이며 내레이터인 페트라 코스타Petra Costa 자신부터 브라질 현대사의 모순을 그대로 끌어안고 있는 인물이다. 그럼에도 자기 성찰 대신 손쉽게 지목할 수 있는 적을 비난하는 데만 초점이 맞춰져 있다는 생각도 지울 수 없다. 그 모든 맥락을 놓고 보면 〈위기의 민주주의〉에 쏟아진 할리우드의 찬사마저도 문득 불편하게 느껴진다.

민주화는 386세대가 독점할 수 없다

우선 브라질 정치를 살펴보자. 브라질은 민주 국가였지만, 1964년 군부가 쿠데타를 일으킨 후 긴 암흑기를 겪었다. 1984년 거세진 민주화 요구에 군부가 한 발 물러났다. 1985년 민정 이양 총선이 치러진 것이다. 하지만 군부는 대통령 직선제까지는 받아들이지 않았다. 선거인단이 대통령을 뽑기로 한 것이다. 자신들의 남은 영향력을 발휘해 대통령 자리는 지킬 수 있으리라는 계산이었다.

그런데 막상 뚜껑을 열고 보니 상황은 완전히 달랐다. 브라질민주운동당PMDB이 제1당의 자리를 차지했다. 브라질민주운동당은 중도 성향의 정치 세력이었다. 룰라가 만들고 이끌던 노동당은 제2당으로 급성장했다. 중도와 좌파가 1당과 2당이 되어버린 상황에서 군부의 정당인 국가혁신동맹 ARENA은 맥을 추지 못했다.

1985년 군부 출신의 마지막 대통령 주앙 피게이레두João Figueiredo가 사임하고 새로운 선거가 치러졌을 때, 간선제였음에도 대통령의 자리에 오른 사람은 브라질민주운동당의 탕크레두 네베스Tancredo Neves였다. 하지만 네베스는 선거 직후 의식을 잃었고 부통령이던 조제 사르네이José Sarney가 대통령직을 승계했다. 이후 브라질에서는 행정부와 입법부 모두 군정 종식과 민정 이양의 길을 걸었다. 그 후 직선제 개헌을 통해 오늘날에 이르고 있다.

이 점에서 〈위기의 민주주의〉는 룰라와 노동당에 편향적인 작품이라고 비판받을 소지가 있다. 브라질 정치에 대해 사전 지식이 없는 상태로 오직 〈위기의 민주주의〉만 본 대부분의 해외 시청자는 브라질 민주화 운동을 룰라와 노동당, 공산주의 세력이 다한 것처럼 오해할 수밖에 없다. 실제로는 공산주의와 거리를 둔 중도 세력이 단일 대오를 형성해 군부에서 권력을 빼앗아온 것이다.

그런 맥락은 의도적으로 생략되었다. 페트라 코스타는 2002년 룰라가 대선에 당선되기까지 연거푸 고배를 마시는 모습을 방송 인터뷰로 보여준다. 룰라가 강경한 반反시장주의 태도를 보일 때는 졌지만, 시장의 힘에 굴복하는 모습을 보이자 이겼다는 식으로 묘사하고 있다. 즉, 그는 '시장'을 '기득권'으로, 또한 '군부'와 거의 동일한 무엇인가처럼 다룬다. '자본주의=군부독재=언론=기득권'이라는 단순한 도식을 반복하고 있는 것이다. 그리하여 유일한 민주화 운동가인 룰라가 민정 이양 후에도 살아남은 군부 세력과의 선거에서, 시장과 경제를 장악하고 있는 기득권에 밀려난 양상처럼 보인다.

실상은 그렇지 않았다. 룰라와 대선에서 맞붙은 것도, 그리고 룰라를 계속해서 이겨온 것도, 마찬가지로 '민주정당'이었다. 하지만 〈위기의 민주주의〉에서 브라질의 중도 정치 세력은 룰라와 연정聯政을 했다가 뒤통수를 친 배신자쯤으로만 묘사될 뿐이다.

이런 사고방식은 한국의 '강남 좌파' 혹은 '386세대'의 그것을 연상시킨다. 1987년 민주화에 386세대가 아무 기여를 하지 않았다고 할 수는 없다. 하지만 그들의 영향력은 스스로 생각하는 것처럼 크지 않았다. 동교동계와 상도동계로 대표되는 양김 세력이 건재했고, 미국을 비롯한 외국의 도움이 있었기에 중국 톈안먼 사태와 같은 비극을 피하고 민주주의를 쟁취할 수 있었다.

한국의 386세대는 오직 자신들의 힘만으로 민주화를 이룬 것처럼 역사를 해석한다. 또 그런 세계관을 유포하고 있다. 마찬가지로 〈위기의 민주주의〉를 만든 페트라 코스타 역시 룰라와 노동당을 중심에 놓고 일종의 '역사 왜곡'을 하고 있다.

브라만 좌파와
강남 좌파

브라질의 민주주의는 룰라 혼자 이루어낸 것이 아니다. 룰라와 노동당이 다른 정치 세력과 마찬가지로 비리 혐의로 무너진 것은 민정 이양 이후 브라질 정치의 고질적인 패턴일 뿐이다. 최초의 직선제 대통령인 페르난두 콜로르 지 멜루Fernando Collor de Mello부터가 그랬다. 군정 종식 이후 자신들이 뽑은 그를 비리 혐의로 탄핵했다. 그 소중한 직선제 대통령을 탄핵한 것이다. 브라질은 축구만 잘하는 게 아니라 탄핵도 잘하는 나라다. 소수 정당에 워낙 유리한 선거 제도를 갖고 있다 보니 집권 여당이 의회를 장악하기 어려운 제도적 이유 때문이다.

코스타는 멜루의 탄핵에 대해 아예 언급조차 하지 않는다. 그런 침묵을 '멜루 탄핵'에 대한 긍정으로 받아들여보자. 그렇다면 〈위기의 민주주의〉는 브라질 민주주의가 멜루를 당선시키고 탄핵시킬 때까지만 해도 '정상'이었다가, 룰라를 비리 혐의로 수사하고 지우마를 탄핵하자 갑자기 '위기'에 빠졌다는 이야기가 되어버린다. 상식적으로 이해하기 어려운 이야기다. 브라질 사람 중 특정 계층의 어처구니없을 만큼 당당한 자기중심적 태도가 이 영화의 바닥에 깔려 있다.

〈위기의 민주주의〉는 노동당 엘리트와 밀접한 관계를 지닌 브라질판 '강남 좌파'의 자기중심적인 현대사 해석에 기반하고 있는 작품이다. 노동당으로 대표되는 브라질의 좌파, 그중에서도 노동당 창당 이후 제도권 정치를 택한 좌파를 중심으로 삼고 있다. 그러면서 이들이 아닌 나머지 모든 세력을 민주주의에 반대하는 어떤 존재로 표상하고 있다. 그렇지 않고서야 성립할 수 없는 서사다. 이는 한국 '강남 좌파'들의 민주화 서사와도 일맥상통한다.

좀더 정확히 말해보자. 페트라 코스타는 한국의 강남 좌파와는 차원이 다른 대단한 가문 배경과 재산을 갖고 있다. 토마 피케티Thomas Piketty의 용어를 빌리자면 '브라만 좌파'

라고 불러야 마땅하다. 그의 어머니는 중산층 집안 출신의 대졸자였다. 할아버지는 브라질리아의 기획자 후보로 거론될 만한 거대 건축업자였다(건설 단계에 참여하지는 않았다). 아버지는 미국의 베트남전쟁 반대 시위를 보고 감명받아 미국 유학을 갔던 엘리트였다.

페트라 어머니의 모습을 담은 과거 필름 영상을 보며 그 가문의 계급적 지위를 느끼는 것은 어렵지 않다. 평범한 브라질 사람들이 빈곤에 시달리던 1980년대, 부부는 일상적으로 8밀리미터 필름 카메라를 꺼내들고 다양한 영상을 찍고 있던 것이다.

페트라는 그 계급의 브라질 상류층이 대체로 그렇듯 해외로 유학을 떠났다. 영국 런던정경대학에서 학위를 따고 뉴욕 맨해튼에서 영화에 빠져들었다. 〈위기의 민주주의〉를 통해 우리는 국민 대부분이 빈곤층인 가운데 '글로벌 리버럴 엘리트'로 살아가는 제3세계 특권층의 모습을 적나라하게 볼 수 있다. 이것은 뉴욕에 사는 미국 리버럴의 시각으로 브라질을 바라보는 것과 마찬가지다. 브라질 여성이 직접 출연해 포르투갈어로 내레이션을 했다고 해서 그 사실이 달라지지는 않는다.

페트라의 어머니와 아버지는 노동당을 지지하는 브라질

인이다. 당연히 반미주의자다. 하지만 그들은 당연하다는 듯 딸을 영국으로 유학 보냈고, 그 딸은 미국에서 가장 생활비가 비싼 맨해튼에 살다가 브라질로 돌아왔다. 그 뒤 브라질의 포퓰리스트 정권을 비난하기 위해 브라질 전체의 민주주의를 도매금으로 비난하는 다큐멘터리를 만들어 '세계 영화인'들의 찬사를 받았다. 그 이유는 명백하다. 보우소나루 정권을 통해 도널드 트럼프Donald Trump 당시 미국 대통령을 비난하고 싶은 미국 영화인들의 가려운 부분을 시원하게 긁어주었기 때문이다. 이것은 일종의 '서사적 착취' 아닌가?

대부분 회계 부정과 조작은 더 큰 범죄를 알리는 신호다. 현대 민주주의 국가는 종이와 디지털 공문서에 적혀 있는 글과 숫자를 믿을 수 없다면 성립할 수조차 없다. 하지만 페트라는 지우마에게 씌워진 연방정부 회계 부정을 '사소한 일'로 치부하고 있다. '브라질에서 부정부패는 늘 있어왔고 피할 수 없는 일'이라는 어머니의 말을 통해 얼버무리고 있지만, 〈위기의 민주주의〉가 모종의 '내로남불' 서사라는 사실은 달라질 수가 없다.

이 영화를 바라보고 수용하는 국내의 시청자들을 보면 우려는 더 커진다. 동양대학교 정경심 교수의 입시 부정과 공문서 위조, 윤미향 의원과 연루된 회계 부정 혐의에 애써 눈을 감는 이들을 떠올릴 수밖에 없다. 그들이 한국의 중산층이나 서민보다 브라질의 '브라만 좌파'와 더욱 정서적으로 가깝다는 것을 보여주는 징후라고 할 수 있다. 생계 문제에서 자유로운, 그래서 역설적이게도 더욱 '약자와 빈민을 위한 정치적 변혁'에 매진하는, 그러면서도 자신의 이득은 알차게 챙기는 그런 부류에게 〈위기의 민주주의〉는 큰 호소력을 발휘하고 있는 듯하다.

좌파 포퓰리스트 룰라가 사라진 자리를 우파 포퓰리스트 보우소나루가 차지하면서 브라질의 민주주의는 진정한 위기에 빠졌다. 룰라 정권 '인사이더' 사이에서 내부 감시와 비판 기능이 마비된 탓이 크다. 바꿔 말하면 '내로남불'이다. 〈위기의 민주주의〉를 보지 말자고, 혹은 나쁜 영화라고 말할 생각은 없다. 하지만 이 영화를 우리의 '민주주의 교과서'로 여겨서는 안 된다. 영화의 내용뿐만 아니라 제작 과정과 소비되는 방식 자체가 거대한 반면교사라고 보아야 한다.

제 2 장

민주화
세대와
조국

민주화 세대의 역사적 공헌과 위상은
과대평가되었다.
물론 그들의 역할을
전부 부정할 수는 없다.
하지만 민주화라는 자랑스러운
역사적 성취는 그 시대를 살았던
모든 사람의 것이다.

민주화
세대는
없다

386세대는
민주화 세대가 아니다

"현재 대한민국은 산업화 세대에서 민주화 세
대로 주류가 교체되고 있다." 혹은 "주류 교체가 완성되었
다." 이제는 너무 흔하게 들려오는 이야기다. 그러니 문장
속 단어를 하나씩 짚어가며 따져 묻는 사람은 거의 없다.

'산업화 세대'란 1950년대에 태어나 1970년대 고도성장기에 청년기를 보내고 이제 은퇴 연령대에 이른 1차 베이비부머를 주로 지칭한다. '민주화 세대'는 1960년대에 태어나 1980년대에 청년기를 보내고 이제 사회적으로 큰 영향력을 발휘할 나이가 된 이른바 '386세대'를 뜻한다.

대한민국 권력의 무게추가 1950년대생에서 1960년대생으로 넘어가고 있다는 말은 반박할 여지가 크지 않다. 하지만 산업화 세대에서 민주화 세대로 주류가 교체되고 있다고 말할 수는 없다. 386세대는 민주화 세대가 아니기 때문이다. 그들이 민주화 세대로 불리는 것은 대한민국 역사상 가장 성공적인 '상징조작'이자 '프로파간다propaganda 행위'라고 나는 생각한다.

사람들은 민주화 세대라는 표현에 대해 딱히 의문을 제기하지 않는다. 일종의 정치적 관용구가 되었기 때문이다. 언제부터 이렇듯 별다른 비판 없이 민주화 세대라는 용어가 사용되었을까? 그 기원은 1990년대까지 거슬러 올라간다.

세대사회학 전문가인 경상대학교 사회학과 박재홍 교수는 2006년 『교수신문』에 「선先산업화 후後민주화 세대 구분 옳지 않아」라는 제목으로 글을 썼다. 박재홍 교수는 산업화 세대와 민주화 세대라는 용어가 정착된 기원을 다음과 같이 설명하고 있다.

"50~60대 산업화 세대와 30~40대 민주화 세대라는 표현의 기원은, 15대 총선을 앞둔 1995년 말 당시 여당인 신한국당이 영입 대상 인사를 분류하는 과정에서 정계 원로 등의 안정 희구 세력을 '산업화 세력'으로 재야 운동을 하는 개혁 세력을 '민주화 세력'으로 포장한 데서 비롯된 것으로 추정된다."

이처럼 1995년 신한국당이 민주화 세력이라는 용어로 지칭하던 대상은 386세대뿐만 아니라 재야 운동권 전반을 포괄했다. 물론 어찌 되었든 당시 집권 여당이 386세대에 민주화의 훈장을 달아주었다는 점은 분명하다.

1995년은 구소련이 붕괴하고 몇 년이 지난 뒤다. 북한은 이른바 '고난의 행군'을 겪던 시절이다. 한국에서는 왕년의 운동권들이 새로운 인생을 찾고 있던 무렵이기도 하다. 그런데 정작 이들은 변변히 내세울 만한 경력이 없었다. 일부는 출판·영화·음악 등 문화 영역에서 활동하며 크고 작은 두각을 나타내고 있었다. 그러나 당시는 정치가 '소프트 파워(문화·예술 등이 행사하는 영향력)'와 거리를 두던 시절이다. 사회 전반적으로 학생 운동권에 대한 불신 섞인 눈빛도 여전히 존재했다. 386세대가 사교육 시장에 적극 뛰어들어 돈을 벌기 시작한 시점은 1990년대 후반에 이르러서였다.

예나 지금이나 학생 운동권의 '장기長技'는 조직력이다. 김영삼의 신한국당은 386세대를 '젊은 피'로 수혈하기로 결정한 뒤 민주화 세력이라는 레토릭rhetoric을 활용하며 이미지를 세탁해주었다. 당시 집권 여당이 직접 나서서 민주화 세력(혹은 세대)이 완전무결하지는 않더라도 나름의 역사적 공헌을 했다고 포장해준 것이다. 바야흐로 일부 386세대 인사들의 삶에 새로운 활로가 뚫렸다.

설령 신한국당의 간택을 받지 못했더라도 실망할 필요는 없다. 김영삼이 386세대 운동권을 영입하자 평생 '빨갱이'라고 음해받아왔던 김대중 역시 운신의 폭이 넓어졌다. 그는 1995년 7월 정계 복귀를 선언하고 새정치국민회의를 창당했다. 이듬해 치러진 제15대 총선에서 김대중은 32세의 김민석(전 서울대학교 총학생회장)을 서울 영등포을에 출마시켰다. 각각 연세대학교 총학생회장을 지낸 송영길과 우상호 역시 1990년대 후반 김대중을 통해 정계에 입문했다. 오늘날 우리가 아는 386세대가 비로소 사회 주류로서 첫걸음을 뗐다.

민주화 세대라는
훈장

지금도 그렇지만 당시에도 정치권은 젊은 인사를 영입하려고 했다. 당시 30대가 386세대다. 이들 중에는 합법·불법의 경계를 넘나들며 조직 활동을 해본 경험은 있으되 사회 진출에는 어려움을 겪던 고학력자가 많았다. 하지만 당장 정치권에 진출할 만한 그럴듯한 경력이 전무했다. 이에 그들이 필요했던 주류 정치권은 앞장서서 386세대 일부에 민주화 세대라는 훈장을 달아주었다.

실은 산업화뿐만 아니라 민주화에 끼친 1960년대생의 영향력은 그리 크지 않다. 민주화 운동의 역사는 이승만의 독재에 맞서 중학생과 고등학생까지 돌을 던지고 싸운 1960년대, 혹은 박정희의 군사독재에 맞선 투쟁이 펼쳐진 1970년대까지 소급해 올라갈 수 있다. 1980년대에 386세대가 대학생 신분으로 전두환의 신군부를 불편하게 했던 것은 그 긴 투쟁의 역사 중 일부에 지나지 않는다.

시기만 그렇다는 게 아니다. 세력의 크기나 당사자들이 겪은 고난의 비중을 보더라도 그렇다. 김영삼과 김대중이라는 두 정치 거목은 의원직 박탈, 가택연금, 의문의 교통사고와 납치, 사형 선고 등을 겪으면서도 군사독재 종식을 향한 주장을 굽히지 않았다. 양김을 따르는 가신 그룹, 즉 상도동계와 동교동계 역시 무수한 고초를 치렀지만 보스에 대한 충성심을 유지했고 결국 1987년 직선제 개헌을 이루어내는 데 기여했다.

그에 비하면 1980년부터 1987년까지 대학생들이 민주화에 직접적으로 기여한 바는 그리 크지 않다. 물론 신군부가 볼 때 성가신 존재였을 것이다. 그러나 신군부의 권력 핵심을 위협할 만큼의 힘은 발휘하지 못했다. 학생 운동권은 권력을 갖기에 너무도 어렸다.

1987년 민주화 항쟁이 전개된 과정만을 놓고 보더라도 그 점은 분명하다. 『동아일보』와 『중앙일보』라는 두 거대 기성 언론이 반기를 들어 '박종철 고문치사 사건'을 보도했다. 신군부는 덮고 넘어가려 했지만 검찰이 반발해 사건을 수면으로 꺼내 정치 쟁점으로 승화시켰다. 일제강점기 독립운동까지 계보를 거슬러 올라갈 수 있는 저항적 기독교 세력, 이른바 '재야'의 원로들이 힘을 보탰다. 게다가 김영삼과 김대중 두 지도자가 대안으로 존재했다. 국민 여론이 그 두 사람을 통해 언제든지 정권교체의 물결로 이어질 개연성이 컸다.

당시 대학생들이 아무것도 안 했다는 말은 아니다. 열심히 시위를 했고, 서울대생 박종철과 연세대생 이한열이 희생되었다. 그들의 죽음은 정권을 쓰러뜨릴 더 큰 시위의 기폭제가 되었다. 하지만 이는 어디까지나 촉발 원인에 지나지 않았다. 기저에 깔린 동력은 1961년 5·16군사쿠데타 이후 국민들 사이에서 꾸준히 누적되어온 민주화에 대한 열망이었다. 그렇기에 서울에서 시위가 격화하자 이른바 '넥타이부대'가 정권에 반대하며 목청을 드높였다. 대학은 고사하고 중학교도 못 나왔을 도시의 기층 빈민들이 신군부에 맞서 돌을 던지며 싸웠다.

결국 신군부는 항복했다. 대통령 직선제를 약속했고 헌법은 개정되었다. 신군부가 권력을 몽땅 빼앗긴 것은 아니지만, 양김과 그 추종 세력인 상도동계와 동교동계에 힘이 실렸다. 제6공화국은 개막과 함께 '3김 시대(김영삼·김대중·김종필)'로 전환되었다. 그러니 북한에서 흘러들어온 주체사상 문건을 달달 외우며 이 나라를 혁명적으로 둘러엎을 궁리나 하던 대학생들의 힘으로 신군부가 쓰러졌다고 포장하는 것은 명백한 역사 왜곡이다. 중국의 동북공정에 비견할 만한 '민주공정'이다.

민주화 세대는
누구인가?

1987년 민주화 항쟁 무렵 대학에 다닌 이들을 그럼에도 민주화 세대라 부를 수 있다면, 그것은 그들이 1987년 정국에서 큰 영향을 받았기 때문이다. 그들이 1987년의 대격변을 스스로 만들어낸 덕이라고 해석해서는 안 된다.

이는 2001년에 대학에 들어가 2002년에 FIFA 한·일 월드컵을 경험한 나를 '월드컵 세대'라 부르는 것과 마찬가지다. 나는 2002년 월드컵의 분위기 속에서 청년기를 보냈고 큰 영향을 받았다. 그런 면에서 나를 월드컵 세대라 부르는 것은 타당하다. 그러나 2002년 월드컵 4강 신화를 나 혹은 내 또래들이 만든 것은 아니다. 월드컵에서 뛴 선수 중에는 내 또래가 여럿 있었다. 그렇지만 월드컵 자체는 분명 내 윗세대의 작품이었다. 그 거대한 흐름 속에서 나는 작은 부품이자 배경에 지나지 않았다.

문제는 월드컵 세대와 달리 386세대의 자의식이 매우 비대하다는 데 있다. 386세대는 처음부터 주류 의식으로 가득 차 있었다. 이 나라의 의사결정과 여론을 자신들이 쥐락펴

락할 것이라고 믿어 의심치 않았다. 그들을 정치권에서 소환한 방식 자체가 그 세대의 비대한 자의식을 더욱 부추겼다. 학생운동 좀 하다가 야인으로 떠돌았는데 불현듯 '민주화 운동가'라는 명예를 얻게 되었으니 말이다.

그렇다면 386세대는 어떤 이름으로 호명되어야 마땅할까? 잠시 세대 문제를 연구한 최초의 사회학자 카를 만하임Karl Mannheim의 지혜를 빌리자. 그는 '세대 문제'에서 세대를 구분하는 세 가지 기준을 제시했다.

첫째, 세대 위치다. 이는 1980년대생, 2000년대생처럼 출생 시기에 따라 나누는 방식으로 가치 평가와 무관하다. 386세대에는 1980년대 학번이라는 범주가 덧붙지만, 기본적으로는 1960년대생이라는 세대 위치가 그들을 개념화한 셈이다.

둘째, 실제 세대다. 세대 위치가 사회적 요소에 따라 구분되는 것을 뜻한다. 가령 1929년생과 1924년생은 세대 위치상으로는 유사하지만 실제 세대는 확연히 구분된다. 1924년생은 태평양전쟁 말기인 1944년에 입대 연령인 만 20세가 되면서 전쟁터에 끌려갔다. 이 전쟁에서 살아남은 후 1950년 6·25전쟁에서 또 입대 연령에 포함되어 두 번의 군 생활을 했다. 지지리도 운 나쁜 '묻지 마라, 갑자생'이다. 반면 1929년생은 입대 연령, 즉 성인이 되었을 때 이미 일제가 패망했다. 태평양전쟁까지 몸소 겪을 일이 없었다. 따라서 그들은 '일제 부역 논란'에서 상대적으로 자유로울 수 있었다.

셋째, 세대 단위다. 지역·소득·교육·기타 변수에 따라 같은 경험을 공유한 이들을 묶는 개념이다. 386세대라는 이름에서 1980년대 학번에 방점을 찍으면 비슷한 시기에 대학을 함께 다닌 경험을 강조하는 것으로, 세대 단위에 주목하는 셈이다. 같은 논리에 따라 민주화 세대라는 명칭은 세대 단위 안에서도 특정 집단을 다시 분류하는 개념이다. 1960년대에 태어나 1980년대에 대학을 다닌 이들 중, 열심히 학생운동을 했고 훗날 자신들이 민주화 운동을 했다고 말하는 이들에게만 해당하는 용어일 테니 말이다.

386세대를 지배하는
반미 이데올로기

카를 만하임의 세대 구분 방식을 고려할 때, 1980년 이후 학생운동을 했고 이를 정치적 자산 삼아 지금은 주류가 되어 있는 세대 단위를 지칭할 수 있는 가장 적절한 용어는 따로 있다. 그들은 민주화 세대가 아니라 반미反美의 세례를 강하게 받은 세대로 호명되어야 한다. 반미주의는 1970년대까지의 운동권과 1980년대 이후의 운동권을 가르는 가장 큰 분기점이다. 동시에 오늘날까지도 해당 세대 단위의 의식 세계를 지배하는 가장 강력한 이데올로기다.

386세대 운동권의 주류는 왜 반미주의에 경도되었을까? 1980년 광주에서 벌어진 비극에 대한 해석 때문이다. 그들의 '공식적'인 미국관觀을 요약하면 이런 식이다. 광주민주화운동이 발생할 무렵 미국은 항공모함을 한국으로 보냈고, 따라서 군사적으로 전두환 정권을 압박해 공수부대를 원천 차단하거나 진압할 수 있었다. 그럼에도 미국은 광주의 비극을 방치했는데, 이는 어쩌면 방치를 넘어선 적극적 공모일 수 있다. 왜냐하면 전시작전권은 유엔사령부에 있고 결국 미국의 허락 없이 한국군은 움직일 수조차 없었기 때문이다.

따라서 광주민주화운동의 배후에는 미국이 있고 우리는 1980년 현재까지도 미국의 식민지에 불과했지만 그 사실을 모르고 살았다. 지금부터라도 우리 민족은 해방되어야 한다. 미국을 혼내주기 위해, 미국에서 독립해 진정한 민족 국가를 되찾기 위해, 북한과 적극적으로 손잡거나 민중의 저항을 꾀하는 등 혁명을 모색해야 하며, 미국의 꼭두각시인 일본과는 더욱 철저하게 대립해야 한다.

1980년 이전에는 진보라고 해서 반미주의를 당연시하지 않았다. 민족주의자였지만 동시에 친미 우파였던 장준하, 반공 진보 기독교 사상가였던 함석헌 등을 떠올릴 수 있겠다. 기층 단위에서도 사정은 비슷했다. 고려대학교 한국사연구소 임미리 연구교수의 『경기 동부』에서 묘사하고 있는 바, 훗날 성남시로 승격하는 경기도 광주군에서는 1971년 8·10사건 이후 빈민운동, 야학운동, 선교활동 등이 활발히 벌어졌다. 무리한 강제 이주의 폐해와 개발·보상 과정에서 발생한 불평등에 초점을 맞춘 운동이었다.

하지만 명맥은 훗날까지 이어지지 않았다. 그 대신 광주 민주화운동의 영향을 받은 '또 다른 광주' 출신의 학생들이 나타나 '경기 동부'의 모태가 되었다. "대학가에 퍼진 광주 학살 미국 책임론을 감안하면 그 뒤 성남의 청년·학생운동이 NL 쪽으로 기운 것도 우연은 아니었다."

물론 대학가의 반미 감정이 동일하지는 않았다. 특히 서울과 광주의 인식차가 컸다. 『한겨레』 박찬수 기자는 『NL현대사』에서 "익명을 요청한 전남대 출신 인사의 말로는, 당시(1985) 공동 투쟁을 준비하면서 서울과 광주 사이에 반미 구호의 수준과 미국 문화원 타격 수위를 놓고 갈등이 있었다"고 전한다.

하지만 대세 변화는 분명했다. 1986년 9월 8일 전남대학교 5·18광장에서는 '반제반파쇼민족민주투쟁위원회(민민투)' 출범식이 열렸다. 이 조직은 훗날 PD로 진화하는 CA(제헌의회) 계열이 주도한 것이다. 하지만 "학생 수백 명은 '제헌의회 소집'을 내걸면서도 '수입개방 강요하는 미제를 몰아내자', '제헌의회 소집투쟁으로 미제를 몰아내자'는 구호를 외쳤"고, 사흘 뒤에는 같은 장소에서 '반미구국투쟁위원회(반미투)'가 출범했다.

학생 운동권 내부에 속한 이들 사이에서는 치열한 노선 투쟁이 전개되었겠으나, 외부자의 시각에서 거대한 흐름의 변화는 분명해 보인다. 주한 미국 대사관 한국 과장을 지낸 전직 외교관 데이비드 스트라우브David Straub는 『반미주의로 보는 한국 현대사』에서 반미가 주류가 된 과정을 이렇게 요약하고 있다.

"1979~1980년 사건들 이후 발생한 반미주의 내러티브는 결코 사라지지 않았으며 1987년에도 한국인들은 미국의 행동을 과거와 똑같은 렌즈를 통해 보고 있었다. 이 반미 내러티브는 계속 살아남았으며, 심지어 오늘날까지도 특히 소위 386세대라고 일컬어지는 당시 대학생이었던 세대 사이에 남아 있다."

학생 운동권의 '존재의 이유'

이와 같은 반미 내러티브가 사실이라 해도 이후 현대사의 진행을 놓고 보면 여전히 의문이 남는다. 1987년 민주화 과정에서 미국이 기여한 바를 어떻게 이해하고 평가할 것인가? 반미의 관점에서 현대사의 다양한 사건을 논하는 김형민(필명 산하)은 1987년 민주화 항쟁의 성공 이면에 미국의 입김이 작용했음을 순순히 인정한다. 진보 성향의 인터넷 매체 『뉴스톱』에 실린 「6월 항쟁은 아직 끝나지 않았다」라는 칼럼의 한 대목이다.

"그러나 역시 가장 큰 작용을 한 것은 미국이지 싶다. 미국 CIA는 판세를 읽은 후 주한미군에서 탱크 5대를 지원받아 특전사, 수방사 등의 한국군 부대 정문 앞에 가서 고장이라도 난 듯 버티고 세워놓았다고 한다. 즉 '나오지 마라'는 시위를 한 셈이었다. 하이라이트는 역시 주한 미국 대사 릴리였다. 그는 레이건의 친서를 전달하면서 이렇게 말한다. '무력을 동원하지 마십시오. 레이건 대통령의 뜻을 거슬러 군대를 동원한다면 80년 광주에서와 같은 불행한 사태가 재발될 겁니다.' 한 나라의 대사가 주재국 대통령에게 할 소리 수준은 넘어 있었다. 릴리는 이 한마디를 더 하고 싶었는지도 모른다. '이 군바리야. 정말 그러면 너도 죽어.'"

1980년 광주의 비극을 방관한 책임이 미국에 있다고, 즉 반미 내러티브에 어느 정도 타당한 구석이 있다고 가정해보자. 그렇다 해도 미국은 1987년 전두환의 무력 진압 시도를 가로막았다. 다시 말해 서울이 제2의 광주가 되지 않도록 기꺼이 '선한 영향력'을 발휘함으로써 빚을 어느 정도 갚았다고 보아야 하지 않을까? 김형민의 '역사 팩트 체크'가 사실이라면 말이다.

그러나 한 번 새겨진 적개심과 증오는 뇌에 새겨진 문신과 같다. 사실과 논리를 아무리 부어서 박박 닦아도 지워지지 않는다. 반미주의를 포기한다는 것은 하나의 사상과 이념을 버리는 차원을 넘어선다. 자신의 젊은 시절, 그 청춘을 함께한 친구와 동료들이 제공하는 편안한 인간관계와 따스한 추억을 모두 부정하는 행위이기 때문이다. 이렇게 반미는 한 세대의 레종데트르raison d'être, 즉 '존재의 이유'가 되고 말았다.

반미를 외친 세대가 한국의 민주화에 기여한 바는 없는가? 누구도 그렇게 말할 수는 없을 것이다. 하지만 그들이 곧 민주화 세대라고 말하는 것은 어불성설이다. 그들은 민주화된 대한민국을 추구하지 않았다. 과거 학생 운동권이었으나 현재 편의점주로 활동하고 있는 봉달호(필명)는 『신동아』(2020년 7월호)에서 정직하게 고백한다.

"반미, 종북이 본질이었던 우리 운동을 민주화 운동이라 부르는 것은 도둑질하려고 은행에 들어갔다가 우연찮게 은행 강도를 잡은 도둑을 영웅으로 추앙하는 형국이랄까. 물론 강도를 잡은 것은 맞지만 원래 자신의 의도를 고백하지는 못하더라도 조용히 반성할 필요는 있을 것이다."

그 '강도'를 자칭 민주화 세대가 혼자 잡은 것도 아니다. 1987년 민주화 항쟁의 성공에는 김영삼·김대중이라는 불세출의 정치 지도자와 그들을 믿고 따르던 세력, 묵묵히 투표하고 시위에 참여한 다수의 시민이 있었다. 또 1980년 광주의 비극을 반복하지 않기 위해 내정 간섭 논란의 여지를 무릅쓰고 신군부를 억누른 미국의 역할 또한 재평가되어야 한다.

다시 말해 자칭 민주화 세대의 역사적 공헌과 위상은 과대평가되었다. 물론 그들의 역할을 전부 부정할 수는 없다. 하지만 민주화라는 자랑스러운 역사적 성취는 그 시대를 살았던 모든 사람의 것이다. 민주화 세대는 없다. 다만 1960년대에 태어나 1980년대에 대학을 다녔고, 반미주의의 영향을 강하게 받은 세대가 있을 뿐이다. 그들이 실제로 기여한 바에 걸맞도록 제 몫을 찾아주어야 마땅하다.

"너는 대체
어떤 종류의 사람이니?"

2020년 8월에 출간된 『검찰개혁과 촛불시민』, 일명 '조국 백서'에 대해 이야기하려면 조국이라는 인물에 대해서 먼저 생각해보아야 한다. 2019년 8월 9일 조국 민정수석비서관은 법무부 장관 후보자로 지명되었다. 이

후 그를 둘러싼 온갖 의혹과 추문이 불거졌다. '조국 백서'
는 바로 여기서부터 시작되었다.

청문회 과정에서 드러난 조국과 그 가족의 행태는 당황스
럽기 짝이 없었다. 멀끔한 외모에 SNS를 통해 입바른 소리
를 내놓는 '고매한 선비' 조국의 이미지가 산산이 부서졌다.
대학 시절 사노맹(남한사회주의노동자동맹) 활동을 했다는 것
정도는 다 아는 사실이었다. 외려 그 점을 문제 삼는 야당이
또 '색깔론'을 들먹인다는 비판을 받았다.

하지만 민정수석비서관 시절 사모펀드에 그의 일가가 약
75억 원을 투자 약정했다는 논란, 그의 가족이 소유하고 있
는 웅동학원의 학교 운영 등에 문제가 많다는 점은 그냥 넘
어가기 어려운 일이었다. 게다가 자녀 입시 문제가 터졌다.
2019년 8월 23일 조국은 사모펀드 투자금을 기부하며 그
의 가족이 웅동학원 내에서 갖는 직함과 권한을 포기한다는
성명을 발표하기에 이르렀다. 그리고 9월 9일 법무부 장관
임명장을 받았지만, 결국 같은 해 10월 14일 사퇴했다.

이 과정에서 큰 상처를 받은 것은 조국이나 문재인 정권
을 지지하는 사람들만이 아니었다. 오히려 그 반대편에 있
던 사람들이 더 큰 충격을 받은 듯하다. 조국 사태 초기부터
비판적 입장을 견지해온 시사평론가 진중권은 2020년 1월

13일 페이스북을 통해 이렇게 탄식했다. "마침 어제 조국이 박종철, 노회찬 묘역 참배했다고 한다. (조)국아, 너는 대체 어떤 종류의 사람이니?"

그렇다. 사실 우리 모두가 궁금하다. 대체 조국은 어떤 종류의 사람일까? 무슨 독창적인 사고방식과 세계관을 가지고 있기에 자신의 딸에 대한 언론의 취재는 인권침해지만, 자신이 예전에 국가정보원 직원의 주소를 SNS에 공개하며 취재를 부추긴 것은 국민의 알 권리를 위한 행동이었다는 식으로 말할 수 있을까?

그가 SNS에 써댔던 온갖 입바른 소리, 이른바 '조만대장경'은 현재 자신의 모든 행태를 반박하고 있다. 그의 열성적 지지층 바깥의 세계에서 조국은 한낱 조롱감이자 '밈meme'으로 전락한 지 오래다. 그러나 정작 그는 스스로 일말의 부끄러움을 느끼는 기색 없이 꿋꿋하게 오늘도 SNS를 누비며 '정의롭고 멋진 나님'을 뽐내고 있다. 최근에는 『조국의 시간』이라는 '회고록'을 출간하기도 했다.

어쩌면 조국은 갑자기 변한 게 아니라 '원래 그런 분'이었을지 모른다. 그 점을 일찌감치 꿰뚫어본 사람이 있다. 최근 나는 그 사실을 확인하고 나서 깜짝 놀랐다. 『딴지일보』 '총수' 김어준은 무려 10여 년을 앞서 '조국이 조국했네' 하는 상황이 도래할 것임을 예견했다. 2011년 10월 출간된 『닥치고 정치』에서다.

2010년 11월 『오마이뉴스』 대표이사 오연호와 조국이 나눈 대담집 『진보집권플랜』이 출간되자 김어준은 책을 구해 펼쳐들었다. 서문을 읽자마자 딱 브레이크가 걸렸다. 그는 『닥치고 정치』에서 아주 솔직하게 말하고 있다. "사실 서문을 읽자마자 '이거 재수 없을 수, 있겠다'" 싶었기 때문이다. 조국에게는 "자신이 가진 걸 당연히 여기는 종류의, 진보적 엘리트 특유의, 의도하지는 않았지만, 우아하고 거룩한 오만"이 흐른다. '잡놈'인 김어준은 대중의 눈높이에서 그것을 바로 알아챘다고 주장한 것이다.

"재수 없을 수, 있겠다. 재수 없다가 아니라. 그리고 재미, 없다. 재미없을 수, 있겠다가 아니라. 전자는 위험하고 후자는 안타깝다. 이렇게나 훌륭한 선수가. 에이, 씨바."

모든 것을 당연하게 여기는 강남 좌파

김어준의 예상은 반은 맞고 반은 틀렸다. 조국

을 열렬히 옹호하는 이들이 아닌 평범한 국민들에게 조국 일가는 "재수 없을 수, 있겠다"가 아니라 "재수 없다"라고 느껴질 것이다(그렇지 않았다면 법무부 장관직을 유지했을 것이다). 또한 "재미없을 수, 있겠다"가 아니라 재미는 확실히 있다. 자신이 SNS에 써놓은 온갖 정의롭고 고상한 말로 하나부터 열까지 '셀프 반박' 당하면서도 끝내 SNS를 끊지 않는 대학 교수라니. 얼마나 '빅잼', '꿀잼'인 존재냐 말이다.

김어준이 이해하는바, 조국은 자신에게 주어지는 모든 것을 당연하게 여긴다. "공부 잘하고 잘생긴 아이로 칭찬받으며 성장했을 것이고, 그 경쟁에서 항상 선두에 있었을 것이고, 그럼에도 불구하고 정의를 위해 직접 나서기까지 했고 또 하고 있으니까." 그러므로 조국에게는 스스로 대견해하는 기색이 뚝뚝 흐른다. 『진보집권플랜』의 서문만 보아도 그런 게 훤히 보인다고 김어준은 말한다. 조국의 예의 바른 태도에 깔린 그 캐릭터는 조국이 정치인으로 성장하는 데 방해가 될 것이다. 김어준은 덧붙인다.

"그 예의에는 '제가 그런 칭찬을 받을 만은 하죠'란 태도가 이미 깔려 있는 거라고, 대중은 감각한다고. 느낀다고. 직관적으로 그런 걸 캐치해낸다고. 이런 것은 축적되면 고착된 이미지가 되고, 나중에는 어떤 노력으로도 바꿀 수가 없어. 그런데 그 위험성을 스스로는 감지하지 못하고 있는 것 같다, 자신은. 정치를 한다면 이건 문제다. 자신은 전혀 의식하지 못하는 사이에 그렇게 느껴질 수 있는 애티튜드가 지속적으로 유포된다. 서문이 바로 그렇다. 이런 건 재수 없을 수, 있다.(웃음)”

실로 영험하지 않은가? 대학 시절부터 조국과 친하게 지냈던 진중권도 몰랐던 조국의 진면모를 김어준은 대담집 서문만 읽고 딱 간파했다. 이것이 그 유명한 ‘무학의 통찰’인가 싶어 모골이 송연해질 지경이다.

사실이 그렇건 그렇지 않건 다른 그 누구도 아닌 김어준이 내린 판단이니 조국을 이런 캐릭터라고 파악해보자. 자신이 가진 모든 것을 당연하게 여기는, 호감형의 외모를 지닌 고학력 중년 남성. 공기처럼 우아하고 거룩한 오만을 둘러친 강남 좌파. 그리하여 “자신이 가진 자산 때문에 대중 일반에게 야기할 수밖에 없는 모종의 박탈감”을 선사하는, 재수 없(어 보일 수도 있)는 사람.

검찰개혁와
촛불시민

『검찰개혁과 촛불시민』은 그런 각도에서 바라
볼 때 실로 요긴한 책이다. 김어준이『닥치고 정치』에서 지
금의 조국이 어떤 사람인지 '기술적descriptive'으로 설명했다
면,『검찰개혁과 촛불시민』은 조국이 어째서 지금의 조국이
되고 말았는지 '발생적genetic'으로 이해할 수 있게 해주기
때문이다.

조국의 성장기로 돌아가 그의 인격 형성 과정을 확인해볼
수는 없다. 하지만 조국을 우아하고 거룩한 오만의 거품 속
에 살게끔 한 주변 분위기가 무엇이었는지에 대해서는 충분
히 추론이 가능하다. '조국백서추진위원회'가 무려 3억 원
을 모금해 발간한『검찰개혁과 촛불시민』이 이를 이해할 수
있는 고리 중 하나다.

책의 서문에는 "백서는 어디까지나 백서이므로 우리는
무엇보다 '자료 제공'에 충실하기 위해 노력했다"고 적혀
있다. 하지만 그 자료의 내용은 인터넷 검색을 통해 확인할
수 있는 수준에서 벗어나지 않는다. 혹시라도 이 책이 자료
집의 기능을 하지 않을까, 세상에 없는 특급 자료가 담겨 있

지 않을까 하는 마음에 구입하려는 사람이 있을까봐 하는 말이다. 더 중요한 것은 책을 만든 이들이 그 자료 중 무엇을 모으고 어떤 것을 버렸으며 종합적으로 어떻게 해석했느냐다. 그런 내용은 책의 앞부분인 '발문'과 '1부 총론'에 집약되어 있다.

우선 경희대학교 미래문명원 김민웅 교수가 쓴 '발문'을 살펴보자. 그는 조국 사태의 연원을 대법원의 강제징용 관련 판결에서 찾는다. "한반도의 평화와 민족의 자주적 입지를 만들기 위한 민주 세력의 역사관을 무너뜨려보겠다는 자들의 반란이었다." 이게 대체 무슨 소리일까? 나름 꼼꼼하게 『검찰개혁과 촛불시민』을 검토했지만, 조국 사태와 강제징용 판결 사이의 연결고리를 이해할 수 있는 글이나 대목은 등장하지 않는다. 이 책의 전체를 아우르는 서문인데 책의 내용과 아무 상관없는, 그저 '평화'니 '민족'이니 하는 거창한 이야기를 늘어놓고 있다.

김민웅은 역시 그 누구도 묻지 않았는데 윤미향과 정의기억연대를 거론한다. "이들의 목적은 분명했다. 촛불시민혁명의 대의에 먹칠을 하고 그들의 세상을 탈환하겠다는 것이다. 이러한 공세는 이후 '정의기억연대'를 상대로 다시 되풀이된다." 하지만 위안부 피해자에게 최대한의 평온과 복지를 제공하는 것은 윤미향과 정의기억연대의 주된 목적이 아니었다는 지적도 있다. 그들이 반일운동 더 나아가 반미운동의 일환으로 위안부 피해자를 앞세우고 있었을 따름이었다는 의구심이 일각에서 제기되었기 때문이다.

독립운동가의
자의식

우리가 이런 사실을 알게 된 것은 위안부 피해자였던 여성인권운동가 이용수 할머니의 폭로 덕분이다. 그 과정에서 검찰은 개입한 바 없다. 그러나 김민웅에 따르면 심지어 마포쉼터 손영미 소장이 자살한 것도 검찰 탓이다. "그 과정에서 소중한 활동가 한 분이 고통을 이기지 못하고 스스로 목숨을 끊었다." 그 자살의 이유를 우리는 정확히 알 수 없다. 정황상 정의기억연대와 윤미향을 향한 수사에 부담을 느꼈을 수 있지만, 그는 유서를 남기지 않았다. 주변인들 역시 구체적인 내용에 대해 경찰이나 언론에 충분한 진술을 제공하고 있지 않다. 하지만 김민웅이 볼 때 이것은 검찰 탓이고 검찰이 손영미를 죽음으로 몰고 간 것은 '검찰개혁'을 막고자 하는 수작이다.

물론 말도 안 되는 궤변이다. 원숭이 엉덩이는 빨갛고, 어쩌고저쩌고 해서 백두산까지 이어지는 동요가 훨씬 더 논리적으로 보인다. 백번 천번 양보해 그의 말이 사실이라 한들 그것이 조국 사태와 무슨 상관이 있을까? 조국이 청와대 민정수석비서관이던 시절 그의 일가가 사모펀드에 투자하고, 그에 앞서 표창장 위조 의혹까지 받으면서 딸을 의학전문대학원에 입학시킨 게 무슨 독립운동이라도 된다는 말인가?

그렇다. 김민웅을 비롯한 '조국 백서' 집필자들은 실제로 그런 사고방식을 전제로 깔고 있다. 자신들은 여전히 독립운동을 하고 있으며, 따라서 그 과정에서 어떤 일이 있더라도 숭고한 목적에 봉사하는 것이므로 반발하는 자들은 모두 친일파이자 '토착왜구'라는 것이다.

여기서 우리는 시대착오와 피해의식이라는 두 가지 요소가 자의식 과잉이라는 하나의 결과를 낳는 모습을 목격할 수 있다. 일본에서 독립한 지 76년이 지났지만 여전히 일제 치하에 살고 있는 양 비장한 태도를 취한 채, 자신이 일제에 쫓기는 독립운동가라도 되는 것처럼 엄숙한 표정을 짓고 있노라면 당연히 '거악巨惡에 맞서는 정의로운 나'라는 자의식이 가득 차오를 수밖에 없지 않겠는가?

이러한 자의식은 '조국 백서'를 만들고 쓴 사람들만의 전유물이 아니다. '정의롭고 멋진 나'라는 자의식이라면 조국을 따라올 사람이 없다. 2019년 10월, 아직 그가 법무부 장관이었고 검찰 수사가 한창 진행 중이던 시점으로 돌아가 보자. 그는 법무부 장관 신분으로 검찰 수사를 받는 초유의 상황에 처했다. 그러면서도 딸의 생일 케이크를 사들고 가는 그의 뒷모습을 자신의 SNS 프로필 사진으로 설정했다.

이것은 '연예인병'이라고 보기도 어렵다. 연예인들은 여론의 동향에 민감하다. 여차하면 재빨리 '잠수'한다. 그보다는 상상의 독립운동을 하고 있는 '애국지사병'이라고 보는 게 낫겠다. 대중의 눈으로 세상만사를 해석하는 '잡놈' 김어준이 『닥치고 정치』에서 내린 촌평을 다시 빌려본다.

"하지만 지금 조국의 애티튜드에선 사람들이 ('나는 너무 대단해'라는 식의) 그런 종류의 자의식을 느껴버린다는 거야. 실제 조국이 그렇지 않더라도. 그런 자의식은 기본적으로 연예인 자의식이거든. 나약한 종류의 자의식이거든. 정치인으로 나서게 되면 그런 자의식은 나 같은 사람에게 금방 탄로 날 뿐 아니라,(웃음) 그런 자의식이 없다고 해도 지금과 같은 애티튜드로는 그런 게 있다고 느껴지게 만든다는 거야. 내 말의 핵심은."

내가 세상의 주인공이다,
덤벼라 운명아!

우리는 같은 질문으로 돌아올 수밖에 없다. 어째서 조국의 우주는 예나 지금이나 한결같이 '조국'을 중심으로 돌고 있는 것일까? 역사학자 전우용이 쓴 1부 총론 '조국 정국을 어떻게 바라볼 것인가'를 읽다 보면 약간의 실마리가 잡히는 듯도 하다.

전우용은 조국을 둘러싼 교육 문제가 "기득권층 일반의 관행 혹은 상식의 문제"라며 "자녀 입시와 관련한 이 사건은 조국이 평소 지향해온 '가치'와 비교하면 부도덕하다는 인상을 받을 만하지만, 사회적 연줄망 안에서 작동하는 우리 사회의 '평균적 욕망 실현 방식'과 비교하면 특별히 부도덕하다고 할 수도 없을 것"이라고 주장한다. 조국은 "지배 세력 내의 개혁운동가"이므로 그가 보이는 '존재와 의식의 불일치'를 비난하면 개혁이 불가능해진다는 이야기다.

그러니까 전우용은 조국 같은 '높으신 분'은 그렇게 사셔도 된다, 특히 그분이 개혁이라는 큰일을 하시는 분이라면 미천한 아랫것들이 함부로 손가락질하고 그래서는 안 된다, 이런 말을 하고 있는 셈이다. 설마 대놓고 저런 소리를 할까 싶지만 사실이다. 오해의 여지가 없도록 전우용은 다시 한 번 힘주어 말한다. "조국의 '도덕성'을 둘러싸고 제기된 문제들이……한국 사회의 상층 엘리트들 사이에서 작동하는 일반적 관행과 도덕성에 비추어보면 대개 '상식' 범위 안에 있는 일이었다."

'한국 사회의 상층 엘리트'가 아닌 나로서는 조국의 자녀 입시 논란, 사모펀드 논란, 위장전입과 사문서 위조 논란 등이 과연 '상식' 범위 안에 있는 일인지 잘 모르겠다. 조국을 '개혁적인 윗분'이라고 숭배하는 것은 전우용의 자유지만, 조국이 법 앞에서 특별한 대우를 받아야 할 근거는 어디에도 없다. 헌법 제11조에서 명시하고 있는바 한국은 법 앞의 평등을 명시하고 있는 민주공화국이다.

전우용도 그 사실을 모르는 것 같지는 않다. "'법치국가에서 '법 지식인' 또는 '법 전문가'들이 사회 최상층의 이해관계를 일방적으로 대변하는 것은 민주주의에 대한 심각한 위협이다. 법 적용과 집행이 최상층의 이해관계에 따라 좌우된다면 그 사회는 신분제 사회라고 보는 것이 더 타당하기 때문이다."

분명 방금 전우용은 조국이라는 "지배 세력 내의 개혁운동가"의 위법행위를 지적하고 비난하지 말아야 한다고 했다. 그리고 몇 페이지를 넘기면 "법 전문가들이 사회 최상층의 이해관계를 일방적으로 대변하는" 일이 있어서는 안 된다고 이야기한다. 하나의 글인데 앞에서 한 말과 뒤에서 한 말이 다르다. 조국을 옹호하기 위해 그를 '높으신 분'으로 치켜세웠지만, '높으신 분'이라고 봐주면 민주주의가 망가진다는 분열적 인식이 고스란히 담겨 있다.

조국이 어쩌다가 지금의 조국이 되었는지 그 비밀을 밝혀줄 실마리가 바로 이 글에 있다는 게 내 생각이다. 조국의 인생에서 이렇게 앞뒤 안 맞는 소리까지 해가며 그를 옹호해주었던 사람이 과연 전우용뿐이었겠는가? 지구가 태양 둘레를 도는 게 아니라 온 우주가 조국 자신을 중심으로 돌고 있는 경험은, 조국의 삶에서 그리 특별한 일이 아니었을 테다. 말하자면 자칭 '민주개혁 세력'의 '자발적 복종'이 만들어낸 거품 속에 조국이라는 한 개인의 세계관이 갇혀 있는 셈이다.

때로는 그 환상이 위기에 처할 때도 있었지만, 그럴 때면 전우용 같은 이들이 나타나 자발적으로 조국의 주위를 빙글빙글 돌면서 조국의 천동설적인 자의식을 보호해주었을 것이다. 조국은 "지배 세력 내의 개혁운동가"이고 "존재와 의식의 불일치를 비난하면 개혁은 불가능"하지만, "법은 최상층의 이해관계에 따라 좌우되면 안 된다"는 전우용의 목소리가 어딘가에서 들려오는 것 같다. '그래도 개혁은 돈다.'

『검찰개혁과 촛불시민』의 마지막 페이지는 1만 원 이상 후원 등록을 하고 후원자명 표기에 동의한 8,188명의 명단으로 이루어져 있다. 조국이 영화 〈트루먼 쇼〉(1998년)의 주인공처럼 일종의 가상현실 속에 살고 있는 것은 바로 그런 맹목적 보호 때문일지도 모른다. 최순실의 딸 정유라에 대한 취재는 정당하지만 자신의 딸 조민에 대한 취재는 인권유린이라는 이중 잣대와 '내로남불'의 세계관은 그러므로 단지 웃고 넘어갈 일이 아니다. 그 수많은 '순수한 마음'이 모여 한 사람의 판단력을 저 지경으로 망가뜨리고 있다고 볼 수도 있다.

사실 우리 모두에게는 어느 정도 왕자병이나 공주병이 필요하다. 정치인이나 연예인이 아니더라도 이 험한 세상에서 숱한 난관을 겪으며 꿋꿋이 살아가려면 '내가 세상의 주인공이다, 덤벼라 운명아!'라고 소리 지르는 기개가 요구될 테니 말이다.

하지만 누군가가 평생에 걸쳐 과잉된 자의식의 늪에 빠져 있는 모습은 바라보기만 해도 괴롭다. 처음에는 좀 웃기고 말 수도 있지만, 그가 정신을 차리지 못하게 수천여 명이 박수 치고 돈 모아주는 광경은 일종의 집단 학대를 보는 것 같기도 하다.『검찰개혁과 촛불시민』의 마지막 페이지를 덮고 나니 문득 조국이 불쌍하게 느껴진 것은 아마도 그래서일 것이다.

제3장

공정과
여성 혐오

가시밭길의 이름은
대한민국 가부장제와 보수적 성역할,
여성 혐오였다.
윤여정은 설령 오스카상을 받지 못했더라도,
'유별난 여자'를 향한
우리 사회의 공격성을 온전히 받아내고
극복했다는 것만으로
박수받아 마땅한 승리자다.

완벽한 공정과 능력주의 사회

성취와 능력만 부각하는 세계관

나는 1983년생이다. 20대부터 소위 '청년 논객'으로 살아왔다. 30대가 거의 끝나가는 지금까지도 그놈의 '청년' 딱지가 떨어지지 않는다. 나이를 안 먹어서가 아니라, 우리 세대에 힘이 없기 때문일 것이다. 하지만 나는 이준석 국민의힘 대표가 단지 젊다는, 동년배라는 이유만으로 그에게 박수를 치며 지지의 뜻을 보내고 싶은 마음은 없다. 생각해볼 게 많기 때문이다.

이준석이라는 이름을 인터넷서점에서 검색하면 책 4권이 나온다. 출간 순서대로 나열해보자. 2011년 12월 새누리당 비상대책위원으로 정치에 첫발을 디딘 후 2012년에 출간한 『어린 놈이 정치를?』이 첫 번째 책이다. 같은 해 『거침없이 배우는 LINQ』라는 컴퓨터 서적을 번역 출간한 그는 한동안 방송과 정치 활동에 전념하다가 2018년 소설가 손아람과의 대담집인 『그 의견에는 동의합니다』를 펴냈다.

이 글에서는 그의 가장 최근작인 『공정한 경쟁』(2019년)을 통해 그의 세계관, 그중에서도 '공정 담론'을 집중적으로 살펴보도록 하겠다. 『공정한 경쟁』에는 '대한민국 보수의 가치와 미래를 묻다'라는 부제가 달려 있다. 이 제목과 부제 모두 그냥 하는 말이 아니다. 이준석은 진지하게 '산업화 세대 이후의 보수'를 고민하고 있다. '여는 글'의 한 대목이다.

"이 책은 젊은 세대가 산업화 세대와 민주화 세대의 엉덩이 밑에 깔린 존재가 아닌 독립적인 어젠다를 가지고 움직여야 한다는 생각을 바탕으로 하고 있다."

설령 산업화 세대나 민주화 세대의 구성원이라 해도, 후

속 세대가 자신만의 길을 모색한다는 말을 할 때, 나쁘다고 하거나 반박할 사람은 그리 많지 않을 듯하다. 그렇다면 이준석이 생각하는 새로운 어젠다는 무엇인가?

"그 어젠다는 '공정 사회'로 보고 있다. 젊은 세대가 원하는 공정의 가치를 지금의 집권 세력은 잘못 해석하고 있고, 공정과 평등의 가치를 실현하는 방식에 있어서 허덕이고 있다."

'공정' 담론은 2019년과 2020년의 서점가를 뜨겁게 달군 주제였다. 가령 인천국제공항공사 비정규직의 정규직 전환 등을 놓고 열띤 토론이 벌어지고 있었다. 그 무렵 출간된 이준석의 책이 공정을 화두로 삼고 있다는 점은 그다지 놀랄 일은 아니다.

하지만 『공정한 경쟁』은 정치인이 펴낸 그렇고 그런 책이 아니다. 어디서도 트집 잡히지 않도록 하나마나한 소리를 두루뭉술하게 돌려서 말하고 있지 않다. 좋게 말하면 인상적이고 나쁘게 말하면 황당한 대목이 여럿 등장한다. 심지어 자신도 그러한 내용이 논란의 대상이라는 것을 알면서도 이야기하고 있다.

미국의 철학자 마이클 샌델Michael Sandel이 『공정하다는 착각』에서 잘 지적하고 있다시피 공정성을 앞세운 능력주의 담론은 현 체제 속에서 경쟁에 이긴 사람이 자신을 정당화하기 위한 담론으로 악용될 수 있다. 이것은 극복하기 어려운 내재적 약점이다.

그래서 능력주의의 옹호자들은 대부분 비슷한 방식으로 논지를 전개해나간다. 가령 이런 식이다. 내가 지금껏 거둔 성공은 나 자신의 노력만으로 얻어낸 것이 아니다. 물론 나는 힘들게 노력했지만, 나처럼 좋은 여건을 가지고 태어나지 못한 사람이 많다는 것을 잘 알고 있다. 그들의 처지에 대해 완전히 이해하지는 못할지라도 공감대를 형성하기 위해 늘 노력 중이다. 능력주의가 제대로 발휘되는 공정한 사회를 지키기 위해 나는 최선을 다할 것이다.

이준석의 특이점은 바로 이 지점에서 나온다. 그는 다른 능력주의자들과는 달리 이런 식으로 입에 발린 겸양의 발언 같은 것을 내뱉지 않는다. 그런 '정치적 발언'을 전혀 하지 않는 것은 아니지만, 기본적으로 자신이 거둔 그 모든 성취가 온전히 자신의 능력과 노력에 의한 것이라고 생각한다. 그는 『공정한 경쟁』의 곳곳에서 그런 생각을 감추지 않고 정직하게 드러낸다.

청년 정치
사다리 걷어차기

이준석은 '박근혜 키드'로서 정치 인생을 시작했다. 20대의 나이에 집권 여당 비상대책위원이 되는 벼락출세를 맛보았다. 그 덕분에 일찌감치 언론의 조명을 받았다. 지역구(서울 노원구)에서는 세 번 연속 낙선했지만 방송가의 눈에 들어 예능인으로서 전국적인 지명도를 쌓았다.

그 과정에 이준석 자신의 노력도 큰 영향을 미쳤을 것이다. 하지만 오직 100퍼센트의 노력만으로 이루어진 결과라고 말하는 것은 어불성설이다. 여러 가지의 우연과 행운이 중첩적으로 작용한 결과다. 일각에서 말하듯 유승민 전 의원과 이준석의 아버지가 서로 돈독한 친분이 있는 사이라면, 그러한 요소 역시 이준석이라는 사람의 출세를 논할 때 빠져서는 안 될 일이다. 하지만 그저 자신의 '공정 철학'을 설파할 뿐, 이 모든 우연과 행운에 대해 이준석은 말을 아끼고 있다.

이준석은 카메라 앞에서 말을 잘하는 젊은 정치인이다. 그것은 그가 가지고 있는 중요한 자질 중 하나다. 하지만 세상에 말 잘하고 정치에 뜻을 가진 사람은 많다. 그중 누가 카메라 앞에 설 수 있는가? 그것은 거의 전적으로 외부의 힘에 의해 결정된다. 노력을 하기 위한 무대 자체가 '유승민 친구 아들 이준석'이 아닌 수많은 정치 지망생에게는 잘 주어지지 않는다. 이준석도 그 점을 잘 알고 있다. 자신이 책에서 말하고 있는 바를 보면 분명히 그렇다.

"가령 정당을 대표해 토론에 나가려면 우선 직위가 있어야 해요. 그런데 젊은 사람들은 그런 직위를 받아본 적이 없거든요. 직위를 받아 다른 정치인들과 토론을 해본 젊은 사람은 제가 거의 유일하고요. 저는 제가 비대위원으로 출발했기 때문에 토론에 나가면 상대로 김부겸 의원, 노회찬 의원 등이 나왔어요. 제 입장에서는 아주 고급의 대련, 훈련 기회를 얻은 셈이죠."

일반적으로 이 정도 이야기를 꺼내면, 적어도 가식적으로라도 겸양의 말이 뒤따른다. '그런 기회를 얻을 수 있었다는 게 참 행운이죠. 그래서 젊은 정치인들에게 더 많은 기회가 제공되어야 합니다' 같은 식으로 말이다.

이준석은 다르다. 그는 자신에게 주어진 기회를 당연한 것으로 여긴다. 그래서 결론은 '내가 잘났다, 내가 노력했다'로 마무리된다. 방금 인용한 문단은 이렇게 끝나고 있다. "방송 토론이라는 것이 생각보다 쉽지 않아요. 공부를 많이

하고 들어가도 준비한 것과 전혀 다른 질문이 나와 당황하는 경우도 있고요. 저는 그 과정을 처음부터 잘 소화한 편이었어요."

이렇게 한껏 뽐을 낸 후 이준석이 내리는 결론은 다음과 같다. 이 대목에 따로 제목을 붙인다면 '청년 정치 사다리 걷어차기'가 어떨까 싶다.

"청년 정치도 마찬가지입니다. 청년이란 이름으로 기득권에 특별한 혜택을 받을 생각을 하면 안 된다고 봐요.……저는 어렵더라도 기존 질서에 기대지 않고, 제 실력으로 청년 정치를 실현시킬 생각입니다."

엘리트주의를 감수하겠다

나는 지금 일부 대목을 부풀려 이준석의 생각을 왜곡하고 있는 게 아니다. 이준석은 정말로 이렇게 생각한다. 그는 경쟁, 특히 자신이 인생의 승리를 거둔 입시 경쟁을 '공정한 경쟁'의 표본으로 여긴다. 자신의 중학교 시절에 대한 이준석의 회고담이다.

"중학생에 불과한 아이들 700명이 등수를 두고 다투었어요. 좀 잔인한 측면도 있지만 저는 그 시절의 공부가 내 인생의 중요한 전환점이 되었다고 생각합니다. 지금 생각하면 완벽하게 공정한 경쟁이었고요."

우리 정치권, 특히 엘리트 중심의 보수정당에는 공부를 잘한 사람이 참 많다. 그들 중 상당수, 아니 대부분은 자신의 '공부 머리'에 대한 자부심을 품고 있을 것이다. 하지만 그중 그 누구도, 적어도 내가 아는 한, 자신이 승리를 거둔 입시 과정을 '완벽하게 공정한 경쟁'이라는 식으로 말하지는 않았다.

이준석은 이런 사람인 것이다. 내가 이긴 경쟁을 두고 '완벽하게 공정한 경쟁'이라고 말하면서 부끄러움을 느끼지 않는 사람이다. 책이 나올 때까지 몇 차례나 교정지를 보았을 텐데, 저런 표현을 그대로 대중 앞에 내보내는 사람이다. 몇 페이지 더 넘기면 "저를 '엘리트주의'라고 비난한다고 해도 기꺼이 감수하겠습니다"라는 말이 나온다. 그가 빛나는 재능과 좋은 여건에도 '0선 중진'에 머물러 있는 이유를 왠지 알 것 같지 않은가?

『공정한 경쟁』에는 좋은 내용도 심심찮게 등장한다. 이준석이 나름의 전문성을 지니고 있는 교육 분야에서 그렇다.

학령인구가 줄고 있으므로 고등학교를 모두 기숙학교로 바꾸는 아이디어가 대표적이다. 학생들이 모두 기숙사 생활을 하면 사교육이 원천 봉쇄될 뿐 아니라 가정환경 때문에 겪게 될 위화감도 줄어든다. 특히 인구가 급격히 줄어드는 농어촌 지역에서는 몇 개 학교를 통합해 기숙사로 운영하면 교육적 가치와 효율을 동시에 달성할 수 있을 것이다.

심지어 여성 문제에서도 '정답'을 말할 때가 있다. 교육 문제를 다루는 5장에서 그는 한국 사회가 여성 인력을 효율적으로 활용하지 못하고 있음을 지적한다. 여성의 사회 진출을 더욱 장려할 수 있는 방법을 찾아야 한다는 취지다. 고학력 여성들이 경력 단절을 겪고 직업 시장에서 이탈할 것을 우려해 결혼과 출산을 미루면서 저출산이 심화된다는 면을 놓고 볼 때, 이러한 현실 인식은 정확하다.

약자와 패배자에 대한 공감과 자비심

하지만 거기까지다. '정치평론가'로서 이준석이 내놓는 올바른 담론은 '정치인' 이준석의 부풀어오른 자의식과 호승심好勝心 앞에서 힘을 잃어버린다. 그는 자신이 언제나 공정하게 경쟁하고 있으며, 자신의 능력으로 이긴다고 생각한다. 약자와 패배자에 대한 공감과 자비심은 찾아보기 어렵다. 그런 점에서 페미니즘을 타자화하며 국민의힘 당대표 선거에서 돌풍을 일으킨 것은 어쩌면 너무도 당연한 일이다. 앞으로도 그 경향성은 크게 달라지지 않을 것 같다.

'공정'의 깃발을 높이 들고 여성 할당제 폐지 등 '반反페미니즘'을 주장하는 이준석 체제는 과연 국민의힘이 다가올 대선에서 승리하는 데 도움이 될까? 많은 사람의 기대와 달리 이준석의 노골적인 반여성주의 발언은 득보다는 독이 될 가능성이 적지 않다.

지난 4·7 재보궐선거를 돌이켜보자. 안희정, 오거돈, 박원순의 연이은 성폭력 사건으로 인해 치러진 선거였던 탓에 젊은 여성들은 민주당에 대한 큰 반감을 나타냈다. 하지만 젊은 여성들이 볼 때 국민의힘이 특별히 더 낫다는 보장도 없었다.

투표함을 열고 보니 20대 여성 유권자 중 박영선 후보를 찍은 사람은 44.0퍼센트였던 반면, 오세훈은 40.9퍼센트의 득표만을 올린 것은 그래서일 것이다. 중요한 것은 무려 15.1퍼센트가 '기타' 후보에 표를 주었다는 사실이다. 오세

훈만 놓고 보면 20대 여성의 표심을 잡는 싸움에서 국민의 힘은 패배했지만, 박영선을 '찍지 않은' 표를 센다면 야권이 승리했다.

2022년 대선이 어떻게 진행될지 예단하기는 아직 이르다. 하지만 결국에는 여당 후보와 야권의 단일 후보가 싸움을 하는 경우를 전제해야 할 것이다. 그렇다면 여성, 특히 젊은 여성들의 반감을 부추기는 식으로 '이대남(20대 남성)' 표를 긁어와 지지세를 확보한 이준석의 존재는 적지 않은 부담이 될 수밖에 없다. 4·7 재보궐선거에서 민주당을 찍지 않은 15.1퍼센트가 대선에서 민주당을 찍는다면 결과에 영향을 미칠 수밖에 없을 것이기 때문이다.

이준석이 말하는 '공정'은 국민의힘의 전통적 지지층이라고 할 수 있는 60대 이상에게도 그리 유리하거나 달가울 내용이 아니다. 이준석이『공정한 경쟁』에서 말하는 바를 놓고 보면 그렇다. 이 대목을 곱씹어보면 이준석이 공정이라는 개념을 어떻게 이해하고 있는지 매우 적나라하게 파악할 수 있다.

"가령 노령연금의 경우 소득 상위 30퍼센트는 연금을 받지 못하고 있습니다. 이들 중 상당수는 불만을 토로합니다. 저는 그들의 불만이 정당하다고 생각합니다. 노령연금의 경우 지급하는 금액을 낮추더라도 노인 인구 전체에 지급해야 한다고 봅니다. 그것이 원래 연금의 취지에도 맞습니다."

정말 문자 그대로만 해석한다면 이준석의 말이 틀리지는 않다. 기초연금, 즉 노령연금은 말 그대로 '노인'에게 주는 연금이다. 어떤 노인은 소득이 있기 때문에 다른 노인과 달리 기초연금을 받지 못한다면, 그것은 노령연금이라는 본래의 취지를 벗어나는 것이다.

하지만 기초연금의 그러한 운용을 '불공정'하다고 할 수 있을까? 대한민국은 OECD에 가입한 선진국 중 노인들의 소득 격차가 심한 나라 중 하나다. 동시에 가장 많은 노인이 자살하고 있는 나라이기도 하다. 2018년 현재 노인 가구의 5분위 소득을 비교해보면, 최하위 1분위와 최상위 5분위의 소득은 무려 16.5배나 차이가 난다. 65세 이상 10만 명당 자살자는 무려 70명대에 달하며, 이는 30명에도 미치지 못하는 일본의 2배를 훌쩍 뛰어넘는 수준이다.

일단 재원이 한정된 상황을 전제로 해보자. 소득 상위 30퍼센트에 기초연금을 주지 못하는 한이 있더라도 하위 70퍼센트에 상대적으로 넉넉한 기초연금을 주는 것이 옳은가, 아니면 이준석의 말대로 "지급하는 금액을 낮추더라도 노인 인구 전체에 지급"하는 것이 옳은가? 이준석이 말하는 공정은 어째서 이토록 '원래 가진 자'의 불만을 달래는 쪽으로만 향하고 있는 걸까?

국민은 젊고 합리적이며 유쾌한 보수 정치를 원한다. 지금껏 진보 진영이 독점해온 정치적 의제를 다각도에서 검토하고 갱신하는 것 또한 보수 정치의 과제라고 할 수 있다. 하지만 그 모든 과정은 약자, 소외된 자, 애초부터 발언권을 얻지 못한 자들에 대한 연민을 전제로 해야 한다. 내가 이긴 경쟁이 세상에서 가장 공정한 경쟁이었다는 이준석과 그에게 환호하는 이들을 보며 마음 한구석의 우려를 감출 수 없는 이유다.

우리는
박수
칠
자격이
없다

악녀 장희빈과
이유 없는 적개심

온 나라가 윤여정 열풍이다. 2020년에 이어 2021년에도 오스카상 수상이라는 경사가 벌어졌으니 어찌 보면 당연한 일이다. 현지인처럼 매끄러운 발음은 아니지만 하고 싶은 말을 정확하게 또박또박 전달하는 '윤여정식 영어'도 화제다. 그 덕분에 적잖은 사람이 '영어 울렁증'에서 벗어나 힐링을 맛보고 있다. 글렌 클로스Glenn Close 같은 대배우와 맞붙어, 다른 그 무엇도 아닌 한국의 '할머니' 역할로 오스카 여우조연상을 받았으니 이런 쾌거가 또 어디 있겠는가?

하지만 이 반응들은 어딘가 불편하다. 배우 윤여정의 수상을 축하하지 않아서가 아니다. 지금 쏟아지는 요란한 찬사가 애써 가리고 덮는 게 너무 많기 때문이다. 우리 사회는 그에게 미안한 마음을 품어야 한다.

배우로서 오래도록 성공적인 커리어를 쌓아왔지만, 그가 '꽃길'만 걸어온 것은 아니다. 그는 한 사람의 배우이자 여성으로 험난한 가시밭길을 통과했다. 가시밭길의 이름은 대한민국 가부장제와 보수적 성역할, 여성 혐오였다. 윤여정은 설령 오스카상을 받지 못했더라도, '유별난 여자'를 향한 우리 사회의 공격성을 온전히 받아내고 극복했다는 것만으로 박수받아 마땅한 승리자다.

윤여정은 대학교 1학년이던 1966년 탤런트 공채 시험에 합격해 연기자의 길에 들어섰다. 이후 김기영 감독의 〈화녀〉(1971년)의 주연을 맡아 농염하면서도 강렬한 연기를 펼치며 청룡영화상 여우주연상을 수상했다. 1947년생 윤여정은 고작 25세의 나이에 한국 최고의 스타로 발돋움했다.

여기서 잊지 말아야 할 사실이 있다. 윤여정은 배역에 대한 이해, 표현력, 순발력 등 모든 분야에서 빠질 데 없는 완벽한 연기자이지만, 그간 맡아온 주요 역할은 무난한 '호감형'이 아니었다. 대체로 '연기파'에게 어울리는 무언가로 간주되는 역할, 많은 경우 악역이었다. 〈화녀〉에서 윤여정은 작곡가 동식의 집에 하녀, 즉 식모로 들어가 겁탈을 당하고 동식의 아내에 의해 강제로 유산을 당한 후 복수극을 펼친다. TV 히트작 〈장희빈〉(1971년) 또한 마찬가지다. 장희빈이 어떤 캐릭터인지 모르는 독자는 없을 것이다. 우리가 아는 '악녀 장희빈'의 전범을 만든 사람이 바로 윤여정이다.

청춘스타로 잘나가던 윤여정은 갑자기 미움의 대상이 되었다. 당시 윤여정은 청량음료 오란씨의 광고 모델이었다. 그의 얼굴이 새겨진 포스터가 있었는데, 눈에 구멍이 뚫리는 식의 '테러'가 자행되었다. 급기야 윤여정은 광고 모델에서 잘렸다. 자신이 예능 프로그램에 출연해 증언한 바에 따르면 그렇다. 사람들이 방송국으로 쳐들어왔고 문방구 주인은 물건 같은 것을 던지기도 했단다.

이 이야기를 과연 '무엇을 몰랐던, 순박했던 시절'의 추억으로 치부할 수 있을까? 물론 윤여정은 그런 뉘앙스로 말했다. 하지만 자신이 '괜찮다'고 하는 것과 우리가 '정말 괜찮은 일이었구나, 아무것도 아니구나'라고 말하는 것은 엄연히 다르다. 그 후로도 윤여정의 삶은 평탄치 않았다. 그를 향해 이유 없는 적개심을 표출하는 대중 역시 적지 않았기 때문이다.

가시밭길의 이름, 가부장제

잘 알려져 있다시피 윤여정은 음악다방 '쎄시봉'의 멤버들과 어울려 멋진 젊은 날을 보냈다. 그러다가 그중 한 사람인 가수 조영남과 연애를 거쳐 결혼까지 했다. 조영남은 신학을 공부하기 위해 미국으로 유학을 떠났고 윤여정도 그 길에 함께했다.

13년간의 결혼 생활은 이혼으로 끝났다. 귀국한 윤여정은 두 아들을 양육해야 했다. 돈을 벌기 위해서라도 열심히 연기할 수밖에 없었다. 대중은 반발했다. '어떻게 이혼한 여자가 TV에 출연할 수 있느냐'는 것이었다. 하지만 윤여정은 그 반발을 온전히 실력으로 돌파했다. 그 과정에서 드라마

작가 김수현이 매우 큰 역할을 했다.

윤여정의 귀국 후 첫 출연작은 박철수 감독의 〈어미〉(1985년)였다. 〈어미〉는 김수현이 시나리오를 썼다는 것 때문에 더욱 유명한 작품이다. 시놉시스를 한마디로 요약하면 '비극으로 끝나는 한국판 테이큰'이다(〈테이큰〉은 2008년 개봉한 액션영화로 여행 중 납치된 딸을 구하는 특수요원 출신 아버지의 사투를 그리고 있다).

라디오 진행자이며 저명한 작가인 홍 여사(윤여정 분)는 홀로 딸을 키우며 살아가는 싱글맘이다. 고등학생인 딸은 엄마가 홀아비인 최 교수(신성일 분)를 만나 밀회를 즐기는 동안 인신매매 조직에 납치당한다. 딸은 강간당한 후 성매매 업소로 팔려가고, 그런 딸을 찾기 위해 엄마는 살인까지 저지른다. 하지만 딸은 충격을 극복하지 못해 자살하고, 엄마는 세상을 향한 복수극을 벌인다.

정직하게 말하자면 〈어미〉는 그리 좋은 작품이 아니다. 설정과 각본, 연기 모두 훌륭하지만 지나치게 선정적인 연출이 몰입을 깨뜨린다. 김수현 자신부터가 이 작품을 극장에서 본 후 매우 격분했다. 이후 김수현은 박철수와 절대 협업하지 않겠다고 선언했고 그 말을 지켰다.

"엄마처럼 살지 마라"

그 대신 김수현의 파트너로 등극한 사람이 있었으니, 바로 윤여정이었다. 연기 잘하고 탁월한 대사 전달 능력을 지니고 있을 뿐 아니라, 좋건 나쁘건 대중의 관심을 한 몸에 얻고 있는 스타. 하지만 그에게 끼얹어진 오명 아닌 오명 때문에 다른 작가나 연출자들이 선뜻 데려가지 못하는 문제적 인물. 김수현은 KBS-2 〈목욕탕집 남자들〉(1995년), MBC 〈사랑과 야망〉(1987년)·〈사랑이 뭐길래〉(1991년) 등 주요 히트작에서 윤여정에게 좋은 배역을 연이어 맡겼다.

중요한 것은 각각의 작품에서 윤여정이 수행한 역할이다. 시어머니에게 대드는 철모르는 로맨티스트 둘째 며느리(〈목욕탕집 남자들〉), 여주인공을 발탁해 배우로 발돋움하게 해주는 당찬 여성 디자이너(〈사랑과 야망〉), "엄마처럼 살지 마라"는 말을 입에 달고 살며, 가부장적인 집에 시집가는 딸을 못마땅하게 여기는 친정 엄마(〈사랑이 뭐길래〉).

여기에는 하나같이 공통점이 있다. 한국 사회가 당연하다고 여기는, 좋아하는, 이의 없이 받아들이는 '여성의 역할'에서 어딘가 벗어난 것이라는 점에서 그렇다. 여성에 대한 입체적 시각을 드러내기 위한 최적의 배우가 바로 윤여정이 었다고 보아야 할 것이다.

김수현은 대중이 보는 드라마를 쓴다는 자의식을 한 번도 놓은 적이 없다. 결론에 다다르면 사회 통념을 정면으로 거스르는 대신 화해와 통합 혹은 봉합을 선택했다. 특히 큰 성공을 거둔 홈드라마에서 그런 경향이 도드라졌다. 그러나, 그렇지만, 김수현 드라마의 등장인물들은 당시 한국 사회의 평균보다는 한 걸음, 최소한 반 걸음 정도는 앞서 나가는 인식을 보여주었다. 그런 까다로운 역할을 수행하는 게 윤여정의 주요 임무였다.

2007년 SBS에서 방영된 〈내 남자의 여자〉에 대해 당시 이화여자대학교 언론홍보영상학부 주철환 교수와 동국대학교 영상영화학과 유지나 교수가 나눈 대담을 보면 그 점을 분명히 알 수 있다. 유지나의 말을 들어보자.

"김수현은 과거에 보여줬던 도발성에서 나아가, 이번 드라마에서는 결혼제도, 즉 가부장적 일부일처제의 모순을 보여주고 있더군요. (친구의 남편과 바람이 난) 김희애가 '셋이 같이 살자'고 말하는 데서 단적으로 드러나는 거죠."

"영화로 비교하면 김수현 정도의 여성 의식이면 상당한 것입니다. 박철수 감독이 영화화한 〈어미〉만 봐도 그렇죠.

페미니즘 텍스트 같아요. TV 드라마에서 보여주는 페미니즘 의식은 더 강한 것 같습니다. 하지만 은근슬쩍 봉합하는 마무리는 없었으면 좋겠어요."

여기서 〈어미〉가 언급되고 있다는 점에 주목해볼 필요가 있다. 앞서 살펴보았듯 〈어미〉는 김수현의 스크린 복귀작이기도 했으니 말이다. 이렇듯 윤여정은 김수현과 짝을 이루어 한국 사회가 여성에게 강요하는 평면적인 역할을 극복해나갔다. 영화나 드라마 속 캐릭터로도 그랬고, 현실 속의 한 인간으로도 그랬다.

물론 그 과정은 말처럼 쉽지 않았다. '장희빈' 시절처럼 여기저기서 봉변당하는 수준은 아니었지만, 윤여정을 바라보는 대중의 시선은 그리 곱지 않았다. 너무도 재미있는 김수현 드라마에서, 주어진 역할을 너무 잘 해내기에, 안 볼 수가 없었을 뿐이다. 이렇게 윤여정은 왕년의 청춘스타에서 벗어나 중견 배우로서 자신의 입지를 다시 한번 확보해나갔다.

여성 혐오의
생존자

2021년 4월, 윤여정은 오스카 여우조연상 수상이라는 위업을 달성했다. 그러자 한 언론에서 그의 전 남편인 조영남을 인터뷰했다. 조영남은 '대단한 일이다, 바람피워서 이혼당한 남편에 대한 최고의 복수'라는 식의 코멘트를 했고, 그것이 언론에 보도되면서 다시 한번 여론의 된서리를 맞았다.

물론 조영남의 저 발언은 주책없는 소리다. 하지만 곱씹어보면 전후 맥락 자체가 너무도 이상하다. 윤여정을 '조영남의 전 부인'으로 바라보고, 이혼했다는 사실을 죄악시하고, 심지어 수십 년이 지난 후에도 이야깃거리로 삼던 것은 조영남만의 일이 아니기 때문이다. 우리 사회 전체가 그런 식이었다. '쎄시봉' 회원들의 음악이 다시 유행하고, 급기야 2018년 영화 〈쎄시봉〉이 개봉할 당시를 떠올려보자. 그 시절의 추억담이 입에 오르며 윤여정은 계속 원치 않는 맥락으로 소환되었다. 대중 역시 그런 '추억팔이'를 거리낌 없이 즐겼다.

윤여정을 두고 한 배우와 연기를 이야기하는 대신 그의

실패한 결혼을 논하며 시시덕거리던 것은 우리 사회 전체가 즐겨오던 '길티 플레저guilty pleasure(어떤 행동에 죄의식을 느끼면서도 결국 즐기게 되는 심리)' 아니었던가? 다시 한번 말하지만 오스카상 수상에 대한 조영남의 발언이 마뜩잖은 것과는 별개다. 조영남 한 사람만을 극렬히 비난하면서 자신은 결백한 양 서둘러 알리바이를 만드는 듯한 모습에 외려 눈살을 찌푸리게 되는 것은 나뿐인가?

지금 나는 윤여정이라는 훌륭한 배우를 두고 여성 혐오의 '희생자'라는 식으로 이야기하는 게 아니다. 자신도 그렇게 인식되는 것을 원치는 않을 것이다. 하지만 그가 여성 혐오의 '생존자'라는 점만큼은 분명하다. 콧대 높은 여자, 똑똑한 여자, 한마디도 지지 않는 여자, 카랑카랑한 목소리로 따지고 드는 여자. 그런 여자가 인생 안 풀리고 망하는 모습을 보고 싶어 혈안이 된 우리 사회의 현 주소를 잊어서는 안 된다.

윤여정은 늘 그랬다. 한국 사회가 여성에게 강요하는 고답적이고 인습적인 여성상을 잘 알았다. 그러면서도 반대되는 길을 택해왔다. 그의 인생은 그로 인해 순탄하게 흘러오지 않았지만, 단 한 번도 자신의 뜻을 굽히지 않았다. 1971년 3월 11일, 〈화녀〉로 청룡영화상 여우주연상을 수상한 후 『조선일보』와의 인터뷰에서 한 말 그대로 한평생을 살아온 것이다.

"저는 결코 미인이 아니죠. 김기영 선생님도 저를 퍼니페이스funnyface라고 하셨는데 저 역시 동감입니다. 그래서 제가 할 수 있는, 하고 싶은 역은 근본적인 여성의 매력, 순종이나 미적인 감각을 벗어난, 웬만해선 타협이 잘 안 되는 그런 성격을 가진 역할입니다."

윤여정에게 진정 존경심을 표하고 싶다면, '국뽕' 중심의 과도한 호들갑을 멈추는 게 어떨까? 그 대신 대중의 편견과 증오를 딛고 자신을 표현하고 있는 여성 예술가들을 좀더 열린 시선으로 바라보고 포용할 수 있어야겠다. '47년생 윤여정'과 오늘을 살아가고 있는 수많은 '윤여정'을 향해 힘찬 축하와 응원의 박수를 보낸다.

제4장

페미니즘과
이루다

여자의 'no'는 'yes'라고 받아들이던
사회적 통념은 깨졌다.
'아니라면 아닌 것이다',
즉 'no means no'가
새로운 기준으로 정착했다.
그것이 20세기 중반 이후의 페미니즘,
말하자면 '사적 페미니즘'의 성취다.

숨은 그림 찾기와
어떤 게임

편의점 GS25의 각종 홍보 자료에 '남성 혐오'를 상징하는 온갖 기호가 담겼다는 논란이 발생했다. GS25 측의 사과와 해명이 나왔지만 네티즌들의 여론은 쉬이 진정되지 않고 있다. 그 내용을 정리해보자. GS25가 2021년 5월

1일 전용 모바일 애플리케이션에 올린 홍보용 웹 포스터가 문제가 되었다. 포스터 속에는 갓 구워서 김이 나는 소시지를 손가락으로 집는 모양이 그려져 있다. 일부 '남초' 커뮤니티에서 그것을 '메갈리아(여성 혐오를 그대로 남성에게 되돌려준다는 미러링mirroring을 운동 전략으로 삼았던 인터넷사이트)'의 상징인 손 모양과 같다고 주장하기 시작했다.

한 번 '해석'이 시작되자 '패턴'을 찾는 눈길이 이어졌다. 포스터 속 영어 문구를 이렇게 저렇게 읽으면 'megal(메갈)'이 된다고 하지 않나, 포스터에 그려진 텐트가 남성 성기를 연상시킨다고 하지 않나, 심지어 배경 이미지 속 별자리의 위치까지 운운하며 '이 배후에는 메갈이 있다'고 소리치는 격이다.

네티즌들에 따르면 2020년 6월 GS25가 국방부와 협업해 내놓은 포스터에도 남성 혐오의 상징이 있다고 한다. 그것이 뭔가 했더니 비둘기 옆에 그려진 월계수 잎사귀다. 메갈리아의 로고에 등장하는 월계수 잎사귀가 아니냐는 것이다. 그들은 거기서 멈추지 않고 온갖 GS25 포스터를 뒤지고 있었다. 엄지와 검지로 무언가를 집는 모양이 발견될 때마다 '메갈리아'를 외치는 셈이다.

이것은 병적인 증상이다. 비하나 매도의 뜻이 아니라, 그냥 사실이 그렇다는 것이다. 편집증이라고 볼 수밖에 없다. 사람이 가벼운 물건을 집어 들면 나오는 자연스러운 손동작을 두고 어떤 음모를 이야기하는 것 자체가 정상적인 사고 방식으로 보기 어렵기 때문이다.

국방부 협업 이벤트 포스터에 월계수 잎사귀가 등장하는 이유도 간단하다. 비둘기와 월계수는 평화의 상징이기 때문이다. 메갈리아 이전에 국제연합UN에서 월계수를 자신들의 상징으로 썼다는 것을 설마 모르는 걸까? 아니면 알지만 일단 뭐라도 찾아서 '남성 혐오 논란'을 일으키고 싶다는 욕망에 사리 분별이 잘 되지 않는 걸까?

의문은 세 가지로 나뉜다. 첫째, 왜 한국의 네티즌들은 이런 편집증적인 '음모 찾기'를 일종의 놀이처럼 수행하고 있는 것일까? 둘째, 인터넷 일각에서 벌어질 뿐인 논란이 왜 언론을 통해 공론장으로 소환되고 있는 것일까? 셋째, 이번 '포스터 논란'을 생산적인 방향으로 견인할 수 있는 방안은 과연 무엇일까?

모든 소란의 근원을 따지고 들어가면 '일간베스트저장소', 일명 '일베'가 등장한다. 노무현 전 대통령을 조롱하는 것을 자신들의 집단적 정체성의 일부로 삼고 있던 일베 사용자들이 만들어낸 행동 양식이 지금껏 영향을 미치고 있기 때문이다.

일베 사용자들은 예나 지금이나 노무현에 대해 다소 광기 어린 집착을 하고 있다. 아무 맥락 없이 노무현의 얼굴을 합성하거나, 노무현이라는 이름을 집어넣거나, 노무현을 상징하는 밀짚모자 같은 것을 합성한 이미지를 생산하며 즐기고 있다. 그런 이미지 가운데 일부가 방송이나 언론 등을 통해 등장하고 발견되는 일이 몇 차례 반복되었다.

이 과정에서 네티즌들 사이에 새로운 행동 유형이 자리 잡았다. 그것을 일종의 '게임'이라 부르기로 하자. 그렇다면 그 게임의 이름은 '숨은 일베 찾기'라고 할 수 있다. 일베 회원이 사회 각지에 숨어들어 있다고 전제하고, 그들이 퍼뜨리는 일베의 숨은 기호와 이미지를 찾아내 공론화함으로써, 우리 사회를 일베에서 지킨다는 그런 규칙을 지닌 게임이다. 반대로 일베는 그런 감시망을 뚫고 자신들의 은밀한 기호를 최대한 널리 퍼뜨리는 게임을 하고 있다.

일베는 오랜 세월 논란을 불러일으키면서도 폐쇄되지 않았다. 지금껏 잘 유지되고 있다. 그렇게 여러 차례 '숨은 일베 찾기'를 경험하다 보니, 사람들은 인터넷에 올라온 이미지 너머에 어떤 '조직'과 '의도'가 있다고 전제하고 해석하는 데 익숙해졌다.

이번 메갈리아 논란 역시 같은 식이다. 숨은 그림 찾기를 하듯, 자신들이 아는 메갈리아의 기호를 최대한 많이 찾아내 인터넷 커뮤니티에 올리고 사람들의 호응을 받는 것을 목적으로 하는 게임이 벌어지고 있다.

어떤 사악한 세력이 숨겨놓은 신호가 있다

인간에게는 무작위적인 대상에서 패턴을 찾아내는 본능이 있다. 우리는 임의의 대상에서 어떤 유의미한 패턴을 찾아낸다. 하늘에 흘러가는 구름을 보며 동물의 모습을 보기도 하고, 나뭇결의 무늬에서 예수의 얼굴을 보기도 하며, 커피를 마시고 잔의 바닥에 남은 찌꺼기의 모습을 통해 오늘 하루의 운세를 점치기도 한다는 말이다.

이것은 인간의 자연스러운 본능이지만 그것이 꼭 옳다는 말은 아니다. 수없이 다양한 기호와 상징 속에 살아가는 현대인에게는 오히려 해로울 때도 있다. 성신여자대학교 서경덕 교수로 대표되는 몇몇 인물은 '욱일기' 무늬를 찾아낸 후 그것을 이유로 불매운동을 하겠다며 나서기도 했다.

일본의 식민 지배는 우리의 아픈 역사다. 인류 보편적인 관점에서 보더라도 식민 지배는 옳지 않다. 하지만 '방사형 무늬'를 볼 때마다 일본의 극우 세력을 떠올리는 것은 상식의 범주를 넘어서는 일이다. 욱일기에 쓰인 햇살 무늬는 태양이 떠오르며 빛이 쏟아지는 모습을 형상화한 것에 지나지 않기 때문이다. 일제와 무관하게 다방면에서 흔히 사용하는 패턴으로, 그만큼 자주 보일 수밖에 없다.

'숨은 일베 찾기'와 '숨은 메갈 찾기'와 '욱일기 찾기'는 모두 유사한 행위 패턴을 보여준다. 이런 식이다. '어떤 사악한 세력이 인터넷에 숨겨놓은 신호가 있다', '스마트폰 하나밖에 가진 게 없는 나 또한 그 악을 찾아내고 고발하는 일에 도움을 줄 수 있다'. 그러니 방사형 무늬를 볼 때마다 '욱일기'를 외치는 것, 엄지와 검지로 무언가를 집어 드는 손동작을 볼 때마다 '메갈'을 외치는 것은 모두 정당한 일이다.

이러한 사고방식을 건전하다고 이야기할 사람은 아무도 없을 것이다. 이와 같은 편집증적 집착은 사회 전체의 인식을 병들게 만든다. 일부 인터넷 사용자들이 그런 식으로 행동하는 것을 막을 방법은 없겠지만, 정상적인 사회라면 공론장에서 오가는 담론은 한 차원 높은 수준에서 움직여야 마땅하다. 애석하게도 우리의 현주소는 전혀 그렇지 않다.

언론의 실패이자
정치의 실패

일베는 '숨은 일베 찾기'를 지속할 만한 동력을 지니고 있다. 일베라는 커뮤니티가 있기 때문이다. 노무현을 합성하고 이상한 말투로 조롱하는 것은 다른 사람들이 볼 때는 왜 저러나 싶은 짓이지만 자기들끼리는 재미있다고 느낀다. 일종의 '인사이더 조크insider joke'다. 인류학적으로 말하면 사용자끼리 동질감을 확인하고 내부 결속을 다지는 부족적 행위다. 그런 면에서 노무현에 대한 맥락 없는 언급과 조롱은 적어도 그들 내부에서는 의미를 지닌다. 따라서 일베가 남아 있는 한 '노무현 합성 사진'은 꾸준히 재생산될 테고 일베 바깥으로 퍼지기도 할 것이다.

반면 메갈리아는 2017년에 폐쇄되었다. 엄지와 검지를 가볍게 모은 손 모양을 인사이더 조크로 계속 사용하고 있는 커뮤니티가 이 넓은 인터넷 공간 어딘가에는 존재하고 있을지 모르겠지만, 적어도 일베처럼 잘 알려진 채 왕성하게 활동하고 있지는 않다. 정확한 집계를 확정짓기는 어렵지만, 2021년 현재 한국의 인터넷 커뮤니티 중 일베는 언제나 '베스트 10' 안에 속하는 반면 메갈리아는 존재하지도 않는다.

그런데 왜 새삼스럽게 '숨은 일베 찾기'처럼 '숨은 메갈 찾기'가 벌어지고 있는 것일까? 정확한 이유야 알 수 없지만 최근 몇몇 사건과 함께 생각해보면 그 연원을 더듬어나가는 일은 그리 어렵지 않다. 4·7 재보궐선거 결과에 대한 정치권의 해석론 때문이다. 소위 '이대남'의 마음을 읽기 위해 남자가 많이 있다고 여겨지는 남초 커뮤니티의 동향에 언론이 민감하게 반응하고 있는 탓이다. 한낱 헛소동으로 취급되어야 할 '메갈의 숨은 기호' 운운하는 내용이 언론을 통해 보도되고 있다.

이것은 언론의 실패이자 정치의 실패라고 보아야 한다. 양자가 서로를 부추기면서 나쁜 방향으로 피드백을 주고받는 중이다. 정치권이 '젊은 남자의 억울함'을 이야기하자 언론이 그 의제에 걸맞은 기삿거리를 찾기 위해 인터넷 커뮤니티에서 스쳐 지나가는 이상한 논의를 발굴해 크게 띄운다. 정치권에서 '억울한 남자'의 대변인 행세를 하며 조명을 받고 있는 몇몇 인물은 그런 기사를 인용하며 '내가 활동하고 있는 덕에 이런 보도가 나온다'고 으쓱거린다. 그렇게 우리 사회는 있지도 않은 메갈리아의 흔적을 쫓으며 소중한 시간과 에너지를 낭비하고 있다.

과연 이런 논란이 젊은 남성들에게 도움이 될까? 정치인들에게 유리한 결과를 가져다줄까? 그렇게 보기는 어려울 듯하다. 2021년 4월 28~29일 한국리서치가 수행한 설문조사에 따르면, "20대를 힘들게 하는 요인은 무엇인가?"라는 질문에 대해 20대 남녀 중 42.7퍼센트가 '양극화 사회'를 첫 번째 요인으로 꼽았다. 반면 '특정 성별 우대 정책'이 문제라는 사람은 고작 7.3퍼센트에 지나지 않았다. 한국의 언론과 정치는 대체 누구를 위해 논쟁을 벌이고 있는가?

병적인 집착과
모욕

'메갈이 숨어 있다!', '일베가 감춰져 있다!', '존 레넌의 아들이 욱일기를 옹호한다!' 같은 호들갑을 잠시 내려놓고 생각해보자. 무언가가 '감춰져 있다'는 것만으로는 논란이 되기에 충분하지 않다. 그 각각이 왜 문제라고 생각하는가? 어떤 부분이 어떻게 잘못되었는가?

이렇게 따지기 시작하면 세 가지 사항은 각기 다르다. 일단 욱일기. 방사형 무늬는 일본뿐만 아니라 다양한 문화권에서 오래도록 사용해온 도안 중 하나일 뿐이다. 인터넷을 돌아다니며 '욱일기 사냥'을 하는 것은 일제의 강압적 통치에 대한 우리의 역사적 기억과 항변을 오히려 우스꽝스럽게 만들 뿐이다.

일베는 여성, 장애인, 호남, 세월호 희생자 등 수많은 소수자를 거리낌 없이 모욕하는 것을 자신들의 정체성으로 삼는 인터넷 사용자의 모임이다. 지금껏 동일한 사이트를 근거지 삼아 잘 유지되고 있다. '숨은 일베 찾기'는 일베가 살아 있는 한 계속될 것이다. 일베 사용자들은 노무현에게 병적으로 집착하며 합성 이미지를 만들고 퍼뜨릴 테니 말이다. 따라서 '숨은 일베 찾기'의 해결을 위해서라면 일베 사용자들에 대한 치료적 접근을 고민하는 편이 옳겠다.

메갈리아는 어떨까? 그들이 자신들을 정의했던 바에 따르면, 여성 혐오를 있는 그대로 고발해도 사회가 귀를 기울이지 않기에 남성들을 비난하고 조롱하는 방법을 택한 여성들의 모임이다. 요컨대 서울 강남역 10번 출구 사건(조현병 진단을 받은 김성민이 2016년 5월 17일 새벽 서울 서초동의 노래방 화장실에서 불특정한 여성을 흉기로 살해한 사건)이 터지기 전까지의 페미니즘이 잘못되었거나 혹은 부족하다는 문제의식에서 출발한 인터넷상의 움직임이 결집된 현상이었다.

그렇다면 이 경우는 '숨은 메갈 찾기'만으로는 충분하지 않다. 오히려 더 많은 논의가 필요하다. 우리는 메갈리아에 대해, 더 나아가 2016년 이후의 페미니즘에 대해 더 많은 것을 질문해야 한다. '숨겨진 기호를 찾았다, 너희는 악이다' 같은 식의 여론몰이는 정당하지 않다. 그런 행동은 여성뿐만 아니라 남성에게도 아무런 도움이 되지 않는다. 지금이야말로 진지하게 페미니즘을, 다시 한번 토론해야 하지 않을까?

인공지능
이루다와
남성들의
성폭력

.

블랙핑크를 좋아하는
여대생

일화 하나. 1940년 9월, 프랑스 도르도뉴 지방의 라스코 동굴에서 기원전 1만 5000년 전후로 그려졌다고 추정되는 동굴 벽화가 대거 발견되었다. 말, 들소, 심지어 사자까지 그려진 놀라우리만치 생동감 넘치는 벽화에는 더욱 놀라운 비밀이 숨겨져 있었다. 자세히 관찰해본 결과 창 같은 무기를 던진 흔적이 발견되었기 때문이다. 구석기인들은 단지 그림을 그리기만 한 게 아니라, 그 위로 무기를 던져가며 일종의 제의祭儀 행위를 했다고 추정할 수 있었다.

헝가리 역사학자 아르놀트 하우저Arnold hauser는 『문학과 예술의 사회사』에서 그 행위를 이렇게 설명한다. "구석기 시대의 사냥꾼 예술가는 그 그림을 통해 실물 자체를 소유한다고 믿었고, 그림을 그림으로써 그려진 사물을 지배하는 힘을 얻는다고 믿었던 것이다. 그들은 그림 속의 짐승을 죽이면 실제의 짐승도 죽게 마련이라고 믿었다."

일화 둘. 제1차 세계대전 당시, 유럽의 온 국가가 전쟁에 휘말린 가운데 각국 장교들은 뜻밖의 고민에 빠졌다. 분명 실탄을 지급했고, 병사들이 총을 쏘는 소리도 들렸고, 탄약을 소비한 것은 분명한데, 적이 쓰러지지 않는 것이었다. 전쟁에 익숙하지 않고 사람을 향해 총을 쏜다는 데 거부감을 느낀 병사들이 허공에 대고 총을 쐈기 때문이었다.

장교들은 과녁의 모양을 바꾸기로 했다. 이른바 'Bull's Eye(과녁의 중심)'라고 부르는 무미건조한 둥근 모양 대신 사람의 모양을 본뜬 판자를 세워놓고 총을 쏘도록 훈련을 시켰다. 그러자 고의로 오발을 내는 빈도가 현저히 줄었다.

사람을 닮은 무언가를 공격하는 훈련을 시키는 것만으로도 실제 사람에게 총을 쏘고 있다는 거부감을 줄일 수 있던 것이다.

인공지능 챗봇 '이루다'를 둘러싼 논란을 보며 들었던 생각이다. 스캐터랩이 2020년 12월 23일 출시한 이루다는 출시 2주 만에 75만 명에 달하는 사용자를 모으는 등 흥행에 성공했다. 개발사는 이루다를 '가수 블랙핑크를 좋아하고, 일상을 기록하는 것에 취미가 있는 20세 여대생'으로 소개했다. 하지만 이루다가 일부 사용자의 음담패설 등 성희롱 발언은 물론, 사회적 약자에 대한 혐오 표현까지 학습하면서 논란거리로 떠올랐다. 이에 스캐터랩은 2021년 1월 11일 서비스를 중단했고, 15일에는 이루다 데이터베이스와 딥러닝 모델을 폐기하겠다고 밝혔다.

이 글에서는 근본적인 차원의 고민을 풀어보고자 한다. 이루다 논란은 최근 중요한 주제로 부각되고 있는 '재현 representation의 윤리'에 대한 질문을 던지고 있기 때문이다. 앞선 두 사례의 의미를 곱씹어보자. 태곳적부터 인류는 무서운 동물과 맞서기 전에 그 동물의 그림을 그려놓고 공격성을 표출했다. 그럼으로써 상대에 대한 두려움을 완화하고 자신에게 용기를 북돋았다. 20세기에 와서도 사정은 비슷했다. 살아 있는 사람에게 총을 쏘는 행위의 심리적 부담을 없애는 방법은 '사람을 닮은 무언가'에게 총을 쏘는 것이었다.

그 과정은 모두 '재현'과 관련이 있다. 예술에서 재현이란 간단히 말해 현실에 있는 대상을 모사模寫해 다시 나타내는 행위다. 실제의 동물을 보고 동물을 닮은 벽화를 그리는 것, 실제의 사람을 보고 사람을 닮은 과녁을 만드는 것 등이 모두 재현이다. 어린이에게 도화지와 크레파스를 쥐어주면 엄마와 아빠의 얼굴을 그리는 바로 그 행위다. 가장 기본적이며 원초적인 예술 창작의 방식인 셈이다. 순수한 추상 미술이 아닌 다음에야 대부분의 미술 창작은 재현과 불가분의 관계를 지닌다.

재현은 미술, 더 나아가 예술의 근본을 이루는 토대다. 표현의 자유, 예술과 창작의 자유를 옹호한다는 것은 재현의 자유를 옹호한다는 것과 크게 다르지 않다. 반대로 재현이 허용되지 않는 대상이 존재하는 사회는 자유로운 사회라고 볼 수 없다. 조선시대 궁중 미술에서 왕은 언제나 텅 빈 의자로만 그려졌다. '감히' 왕의 모습을 그려서는 안 된다는 것이었다.

『성경』에서 여호와는 자신의 이름을 함부로 부르지 말라고 금한다. 이슬람교는 지금도 알라의 모습을 그리는 것을

117

엄격히 금지하고 있다. 선지자 마호메트Mahomet 역시 함부로 재현해서는 안 되는 존재다. 프랑스의 풍자만화 잡지『샤를리 에브도Charlie Hebdo』는 그 금기를 깨뜨렸다가 종교적 극단주의자들의 공격을 당했다. TV에서 정치 풍자 코미디가 실종된 오늘날의 대한민국은 그래서 걱정스럽다.

즉, 재현에 대한 금기와 처벌이 강한 사회일수록 그렇지 않은 사회에 비해 억압적인 사회다. 무언가를 보고 그리고 따라하는 것은 인간이 선사시대부터 해온, 인간으로서 가장 본능적인 행위다. 재현에 대한 담론과 논의가 궁극적으로 금지가 아니라 해방을 향해야 하는 이유다.

"저에게는 성별이 없답니다"

하지만 모든 재현이 옳다고 말할 수는 없다. 예술일 뿐이므로 아무 비판도 받지 말아야 한다고 이야기해서는 곤란하다. 재현은 현실에 존재하는 대상 그 자체가 아니라 그 대상을 본뜬 허구의 무엇이지만, 그럼에도 현실에 영향을 미치기 때문이다. '예술인데 왜 그러느냐', '창작일 뿐이지 현실이 아니지 않느냐'라는 식의 반론은 많은 경우 부적절하다.

라스코 동굴 벽화가 보여주듯 인간은 재현된 대상을 향해 공격성을 드러내왔다. 사람 모양을 한 과녁의 사례는 재현된 대상을 통해 폭력성을 '훈련'하는 것이 가능하다는 것을 보여준다. 선사시대도 지났고 제1차 세계대전도 거의 100여 년 전의 일이지만, 인간의 심리가 작동하는 방식은 달라지지 않았다. 현실 속의 무언가에 대한 공격성을 드러내고 훈련하는 방식으로 재현이 동원될 때, 그러한 재현은 비판받아 마땅하다.

가장 단적인 예를 들어보자. 윤석열 검찰총장에 대해 추미애 법무부 장관을 비롯한 집권 여당의 공격이 극에 달했던 2020년 11월 25일의 일이다. 시사만화가 박재동은 보는 이의 눈을 의심하게 하는 만평을 그렸다. 목이 잘린 윤석열이 추미애를 향해 "난 당신 부하가 아니야!"라고 말하고 있는 모습이었다. 만평에 대한 논란이 커지고 비판이 거세지자 박재동은 윤석열의 목이 다시 붙어 있는 모습을 그린 후 "붙긴 붙었는데 얼마나 갈지는 모르겠네", "모쪼록 조심하슈"라는 대사를 삽입했다. 재현을 통해 적개심을 드러내는 원시적인 사례다.

인공지능 챗봇 이루다를 둘러싼 논란도 연장선상에서 해석 가능하다. 이루다는 컴퓨터 프로그램이고, 컴퓨터 프로그램은 사람이 아니다. 성희롱의 대상이 될 수 없다. 하지만 제작진이 스스로 밝혔다시피 이루다는 '20대 여성'을 재현한 인공지능이기도 하다. '20대 여성'을 향해 언어적 성폭력을 구사하고 싶지만 현실적으로 그럴 수 없는 남자들을 위한 '동굴 벽화' 혹은 '사람 모양의 과녁'이었던 셈이다.

이루다를 향한 언어적 성폭력에 젊은 여성들이 분노하고 반발한 것은 당연한 일이다. 여성을 향한 공격성이 이루다라는 재현된 대상으로 쏟아졌다. 이는 그 폭력적 심리가 곧 여성을 향할 수 있다는 뜻이기도 하다. 윤석열을 지지하거나, 적어도 그에 대한 집권 여당의 정치적 공격이 옳지 않다고 느꼈던 수많은 시민이 '목 잘린 윤석열 만평'을 보고 분노한 것과 크게 다르지 않다. 단언컨대, 그런 재현은 옳지 않다.

인공지능 챗봇은 단순한 그림이나 영상보다 더욱 진지한 사회적 논의가 필요한 재현물이다. 사용자와 상호작용 interaction하기 때문이다. 구글이나 애플 등 IT(정보기술) 기업들도 인공지능 어시스턴트를 출시할 때 여러모로 고민이 많았다. 가령 '구글 어시스턴트'에게 "너는 남자야 여자야?"라고 물어보면 "돌맹이에게 성별이 없듯, 저도 딱히……"라고 대답한다. 애플의 '시리siri' 역시 "궁금하시겠지만, 저에게는 성별이 없답니다"라는 답을 들려준다. 삼성 스마트폰의 인공지능 비서 빅스비Bixby도 "대답하고 싶은데 알쏭달쏭하네요"라며 글로벌 스탠더드를 따르고 있다. 성별뿐만 아니라 인종 등 논란이 될 수 있는 정체성의 영역을 모두 비워놓고 있다.

이루다는 '싫다'고 하지 못한다

왜 이런 선택을 했을까? 인공지능 어시스턴트에게 사람처럼 대화할 수 있는 기능을 부여하되, 사람을 재현하지는 않게 하려는 취지다. 인공지능 어시스턴트가 사람을 재현할 경우 다방면에서 오·남용될 수 있다는 점을 미리 알고 애초에 그런 가능성을 차단한 셈이다. 가령 인공지능 챗봇이 흑인이라는 정체성을 갖고 있다면, 평소 현실에서는 할 수 없던 흑인을 향한 발언을 쏟아내기 위해 인종차별주의자들이 몰려들 것 아니겠는가?

이루다 논란은 글로벌 IT 기업들이 그간 괜한 우려를 한

게 아니라는 점을 잘 보여주었다. 이루다는 '20대 여성'을 재현한 인공지능 챗봇이다. 출시할 때부터 이 점을 명시했다. 그러므로 사용자들은 이루다를 '20대 여성'으로 상정하고 말을 걸게 된다. 문제는 이루다에게는 현실 속 20대 여성과 달리 '원치 않는 대화를 거절할 권리'가 없다는 것이다. 사람이 아닌 인공지능 챗봇이므로 당연한 일이지만, 바로 그 점이 더 큰 고민거리를 안겨준다. '원치 않는 대화를 거절할 권리'는 20세기 중후반 페미니즘이 쟁취한 가장 큰 성과라고 해도 과언이 아니기 때문이다.

20세기 초의 페미니즘은 투표할 권리, 정치에 참여하고 출마할 권리에 초점을 맞추었다. 공적 영역에서 여성의 존재를 인정받고 사회 구성원으로서 의사결정권을 행사할 수 있는 권리를 요구했고, 그것을 오랜 시위와 투쟁 끝에 얻어냈다. 거칠게 말해 '공적 페미니즘'이라 부르기로 하자.

20세기 중반 이후의 페미니즘은 다음 목표를 추구했다. 일상에서 여성이 겪는 부당한 대우와 차별이 주목받기 시작했다. 특히 남녀간의 사적인 관계가 투쟁의 영역으로 떠올랐다. 남자는 여자에게 저돌적으로 '대시'하고, 여자는 '내숭'을 떨고 '튕기며' 상대를 유혹한다는 식으로 요약되는 성역할에 문제를 제기한 것이다. 여자의 'no'는 'yes'라고 받아들이던 사회적 통념은 깨졌다. '아니라면 아닌 것이다', 즉 'no means no'가 새로운 기준으로 정착했다. 그것이 20세기 중반 이후의 페미니즘, 말하자면 '사적 페미니즘'의 성취다.

이루다는 바로 그 '사적 페미니즘'이 없는 세상을 원하는 남자들을 위한 것이었다고 볼 수 있다. 개발사 대표는 이루다를 20대 여대생이라는 캐릭터로 설정한 이유에 대해 "주 사용자층을 좁게는 10대 중반에서 20대 중반으로 생각했기 때문에 20세 정도가 사용자들이 친근감을 느낄 나이라고 보았다"고 주장했다. 하지만 이루다 출시 이후 수많은 사용자가 캡처해서 올린 대화 내용을 통해 알 수 있다시피, 그 말을 곧이곧대로 믿어줄 사람은 거의 없다.

이루다는 '싫다'고 하지 않는다. 아니, 못한다. 그 대신 '그런 이야기는 쫌 별로양', '너무 어려운 주제당ㅜㅜ' 같은 식의 수동적 회피만을 할 뿐이다. 사용자가 너무 심한 표현을 한다고 해도 '잠시 시간을 두자'며 10분 정도 상대의 메시지에 대답을 하지 않는다. 그것이 전부다. 이루다는 누가 어떤 말을 해도 '거절할 권리'가 없는 '20대 여성'을 재현하고 있던 셈이다. 남자들이 만들어낸 '이루다 공략'을 보며 여자들이 분노하기 시작한 것은 너무도 당연한 일이다.

피와 살과 영혼을
지닌 인격체

거부할 권리가 없는 여자를 상대로 아무런 말이나 마구 내뱉는 행위. 그것을 여섯 글자로 요약하면 '권력형 성희롱'이라고 할 수 있다. 학교나 직장 등 위계질서가 존재하며 쉽게 벗어날 수 없는 환경 속에서, 상위 직급에 있는 사람이 하위 직급에 있는 사람을 대할 때 흔히 나타나는 현상이다.

상대가 자신에게 싫은 소리를 할 수 없고, 자신이 무슨 말을 하건 웃는 낯으로 대꾸해야 한다는 사실을 아는 권력자는 점점 '선'을 넘는다. '성희롱'의 차원을 넘어 '성범죄'로 향하는 것이다. 하급자가 완곡어법으로 거절해도 권력을 가진 자는 '좋은데 내숭 떠는 것'이라고 자기 합리화한다. 가해자의 누적된 폭력과 그로 인한 피해자의 스트레스가 어느 수위를 넘어서면 우리가 아는 권력형 성범죄 사건이 되고 만다.

민주당 소속 충청남도, 부산시, 서울시 광역자치단체장들이 권력형 성범죄로 인해 직을 잃거나 스스로 목숨을 끊었다는 점을 떠올려보자. 여성에게 '아니다, 싫다'라고 말할 권리가 있는 것, 그 권리를 가볍게 여기지 않는 것, 그것은 결코 사소한 문제가 아니다. 직장 생활을 하다 보면 겪을 수도 있는 스트레스 받는 일에 여자들이 괜히 민감하게 군다는 식으로 이야기할 사안도 아니다. 이것은, 이것이야말로, 가장 기본적이고 핵심적인 인권의 문제다.

자신이 무슨 말을 하건, 술자리에서 무슨 행동을 하건, 어색하게나마 미소를 지으며 대꾸해주는 여성들이 과연 그 권력자들에게 사람으로 보이기는 했을까? 피와 살과 영혼을 지닌 인격체, 자신과 동등한 사람으로 여겼다면 그럴 수가 없었을 것이다. 문제의 권력자들에게 자신보다 직급이 낮은 여성들은 '현실의 인공지능 챗봇'쯤으로 보였던 것은 아닐까? 그러니 자칭 타칭 인권변호사에 민주화 운동가라는 사람들이 하급자인 여성을 향해 온갖 추잡한 말과 사진 등을 보낼 수 있던 것은 아닐까?

이루다는 사람이 아니다. 이루다를 상대로 성폭력을 저지를 수는 없다. 그렇다고 해서 인공지능 챗봇 이루다로 파생된 문제가 모두 해결되지는 않는다. 현실의 여성에게 휘두를 수 없는 언어적 성폭력을 구사해도 무방하도록 만들어진 '재현물'이기 때문이다.

재현물을 상대로 한 폭력은 인간을 상대로 한 폭력과 같지 않다. 하지만 재현물에 대한 폭력 역시, 특히 재현의 대상이 된 사람의 처지에서 보면 폭력이다. 대한민국에서 가장 힘 센 조직 중 하나인 검찰의 수장 윤석열의 목을 자른 그림이 폭력적이었듯이 이루다 역시 20대 여성을 상대로 한 폭력적인 재현이며 대상화다.

재현을 억압하는 사회는 인간을 억압하는 사회다. 문화·예술 영역에서 재현을 법으로 제약하려는 움직임에 자유민주주의자는 반대해야 한다. 하지만 모든 재현을 옳다고, 혹은 정당하다고 말할 수도 없다. 어떤 재현은 다른 재현보다 폭력적이다. 재현물을 향한 폭력이 누적될 때, 그 재현의 대상이 되는 현실 속 사람에 대한 폭력으로 번질 가능성도 늘 염두에 두어야 한다.

우리에게는 두 가지가 필요하다. 첫째, 현실 속의 폭력에 대해 더 엄격한 책임을 물어야 한다. 그 책임은 법적일 수도 있고 정치적일 수도 있다. 둘째, 재현과 표현의 자유를 보장하되 더 적극적이고 치열한 토론과 비판의 장을 열어야 한다. 어떤 면에서 보더라도 문제가 많았던 이루다 같은 프로젝트를 다방면에서 검토하는 것은 좋은 출발점이 될 수 있겠다.

제5장

거짓말과
표현의 자유

프랑스뿐만 아니라
전 세계와 한국에서도 거짓말로
증오와 폭력을 선동하는 자들이
양심의 자유와 표현의 자유를
근간으로 삼는 자유민주주의의 등에
칼을 꽂고 있다.

거짓은
진실을
이길
수
없다

나는 당신의 말에
동의하지 않지만

사뮈엘 파티Samuel Paty. 목이 잘려 살해당한 프랑스 역사 교사 이름이다. 표현의 자유는 그가 공들여 가르치는 주제였다. 공화국으로서 프랑스가 지닌 가장 중요한 가치라고 생각했기 때문이다. 최근 수년 동안 시사 풍자만

화 잡지 『샤를리 에브도』의 일러스트를 수업 교재로 택한 것
도 그런 이유 때문이었다.

한국의 언론은 이 사건의 맥락을 온전히 보도하지 않았
다. 어떤 '나쁜 백인'이 '선량한 유색인종'을 도발해 벌어진
일처럼 여기는 사람도 적지 않다. 실상은 그보다 복잡할 뿐
만 아니라 암울하다. 이 사건을 '표현의 자유 대 종교 감정'
문제로만 치부하는 것은 옳지 않다. 훨씬 더 근본적이고 중
요한 질문이 자리 잡고 있다.

가장 먼저 지적할 점은 프랑스 정규 교육은 표현의 자유
를 교과 과정의 일부로 포함하고 있다는 것이다. 파티는 어
떤 식으로든 표현의 자유에 대해 가르쳐야 했다. 표현의 자
유를 논하려면 본질적으로 도덕 감정을 건드릴 수밖에 없다.

미국 도색잡지 『허슬러』 발행인이던 래리 플린트Larry
Flynt의 인생을 떠올려보자. 영화 〈래리 플린트〉(1996년)에
잘 묘사되어 있다시피, 그는 성性과 쾌락에 엄숙한 혹은 위
선적인 미국 기독교인의 종교 감정을 건드렸다. 신앙인의
표를 노리는 보수적 정치인도 풍자의 대상으로 삼았다. 그
런 래리 플린트마저도 미국 연방대법원은 표현의 자유라는
이름하에 보호해주었다.

즉, 표현의 자유란 본래 '불편한' 것임에도 법과 제도와

사회적 관용을 통해 보호받아야 한다. '나는 당신의 말에 동의하지 않지만, 당신이 그 말을 할 자유가 침해당한다면 함께 싸우겠다'는 볼테르Voltaire의 명언이 뜻하는 바도 그런 것이다. 표현의 자유가 제 기능을 하려면 불편함을 참아야 한다. 내 감정에 거슬리는 내용도 사회적으로 수용될 수 있다는 것을 배워야 한다. 그것이 공교육의 역할이다.

사뮈엘 파티는 학생들에게 "이 수업은 특히 무슬림 학생들에게 불편할 수 있으며, 내가 보여주는 그림을 보고 싶지 않다면 눈을 감고 고개를 돌려도 좋다"고 말한 후 수업을 진행해왔다. 종교적으로 예민한 소재를 다루고 있기는 했지만, 전문적인 자격과 경력을 지닌 교육자가 진행한 정상적인 수업이었다. 그는 수년 동안 『샤를리 에브도』의 풍자만화를 소재로 수업을 진행해왔고 별 문제가 없었다.

2020년부터 상황이 달라졌다. 페이스북에서 사뮈엘 파티의 수업에 대한 반대 운동이 퍼지기 시작했다. 그 중심에는 유명한 무슬림 선동가 압델하킴 세프리위Abdelhakim Sefrioui가 있었다. 그는 파티의 수업이 "무책임하고 공격적"이라는 취지의 영상을 올렸다. 세프리위에게는 나름의 근거가 있었다. 그의 딸 자이나Zaina에 따르면, 파티는 수업을 진행하면서 무슬림 학생들에게 이 내용이 마음에 안 들면 손을 들어 표시하고 교실 밖으로 나가라고 했다는 것이다. 무슬림 학생들은 종교 감정을 모욕당하고 프랑스에서 쫓겨날 위험에 처한, 인종주의·국수주의의 희생자들과 같은 신세가 되었다.

여기서 중요한 반전이 있다. 자이나는 파티의 수업을 단 한 번도 들은 적이 없다. 거짓말을 한 것이다. 하지만 한 번 쏟아낸 말을 주워 담을 수는 없는 법이다. '이슬람 혐오자'라는 딱지가 붙은 파티는 교장에게 불려갔고 교육청의 감사도 받았다. 교육청은 그의 수업 내용과 방식을 보고 '문제없다'고 판단했다. 경찰 역시 같은 결정을 내렸다. 파티는 자신을 비방한 압델하킴 세프리위를 상대로 명예훼손 소송을 제기했다.

파티를 향한 무슬림들의 증오는 사라지지 않았다. 그가 이슬람 혐오자라는 온라인 폭로가 거짓임이 드러났지만, 아니 어쩌면 거짓이라는 게 드러났기 때문에, 더욱 적개심이 커졌을지도 모르겠다. 자가발전하기 시작한 증오는 점점 더 커지더니 결국 온라인을 넘어 오프라인으로 번졌다. 압둘라흐 아부예도비치 안조로프Abdoullakh Abouyedovich Anzorov라는 18세의 무슬림 난민 소년이 그 증오에 휩쓸렸고, 칼을 빼들었다. 다섯 살 난 아들을 둔 아버지인 사뮈엘 파티는

2020년 10월 16일 목이 잘린 시신으로 발견되었다.

양심의 자유와
표현의 자유

프랑스의 공교육이 제공하는 표현의 자유에 대한 교육이 마음에 들지 않는 학부모와 학생이 있다고 해 보자. 그들이 택할 수 있는 방법은 여러 가지가 있다. 학교 측에 정식으로 문제를 제기하고, 언론을 통해 여론을 형성하며, SNS를 통해 뜻을 같이하는 사람들을 모아 항의 시위를 할 수도 있다. 이와 같은 반론의 형성과 표출은『샤를리 에브도』의 풍자만화가 그렇듯, 양심의 자유와 표현의 자유라는 헌법적 가치하에 보호받는다.

여기서 절대 어기지 말아야 할 금기가 있다. 너무 당연한 것이기에 우리는 그런 금기가 존재한다는 사실 자체를 잊고 살지만, 한 번 무너지고 나니 확실히 보이는 선이 있다. 거짓말을 해서는 안 된다는 것이다. 파티의 수업이 어떤 내용으로 어떻게 진행되었는지, 그 수업을 실제로 듣는 다양한 인종과 문화적 배경을 가진 학생들이 어떤 감정을 느꼈는지,

오직 진실에 근거해 논의가 진행되어야 한다.

압델하킴 세프리위와 자이나는 상식적이고 올바른 길을 택하지 않았다. 그들은 거짓말을 했다. 그 거짓을 기반으로 페이스북에 선동적인 영상을 올렸다. 더구나 경찰 수사를 통해 사실과 다르다는 것이 드러났지만, 자신들이 들쑤셔놓은 사뮈엘 파티를 향한 증오와 분노를 바로잡기 위한 노력을 기울이지 않았다. 누군가 자신들의 증오 선동에 넘어가 범죄를 저지르건 말건 신경 쓰지 않겠다는 식이었다.

그러니 이 사건을 두고 표현의 자유와 종교 감정의 대립을 논하는 것은 적절치 않다. 그전에 반드시 짚고 넘어갈 요소를 빠뜨리게 되는 꼴이기 때문이다. 사뮈엘 파티가 이슬람 혐오자이며 교실에서 무슬림 학생들을 모욕하고 쫓아냈다는 말은 모두 새빨간 거짓말이었다. 파티가 진행한 표현의 자유 수업은 프랑스의 정규 교과 과정 중 일부였다. 그는 그것을 교장과 감독관이 볼 때도 이해할 수 있는 방식으로 진행했다.

하지만 증오할 거리를 찾고 있던 선동가인 압델하킴 세프리위는 딸의 거짓말을 믿었거나 딸에게 거짓 증언을 시켰다. 거짓을 연료로 타오른 증오의 불길은 사뮈엘 파티의 목숨을 앗아갔을 뿐만 아니라, 파티를 살해한 18세 소년 압둘

라흐 안조로프의 인생까지 망가뜨리고 말았다.

여기서 종교 감정의 존엄성을 운운하는 것이야말로 종교에 대한 모욕 아닐까? 세상 그 어떤 종교도 '남에게 거짓말을 하고 네 이웃을 미워하라'고 가르치지는 않으니 말이다. 거짓말을 하지 않는 것. 특히 거짓으로 남을 고발하고 선동하지 않는 것. 이것은 인간 사회를 형성하고 유지하는 가장 기본적인 규칙이다. 그 어떤 대단한 이유와 평계를 들이댄다 한들 거짓 선동과 폭언을 용납하기 시작하면 사회는 존속할 수 없다. 사뮈엘 파티 피살 사건의 대립 구도는 표현의 자유 대 종교 감정이 아니다. '진실 대 거짓'이다.

자유민주주의의 등에 칼을 꽂다

요즘은 '탈진실post-truth'이라는 용어가 쓰이기도 한다. 저런 고상한 표현은 사태의 본질을 왜곡하는 결과를 낳는다고 나는 생각한다. 세상에 탈진실 같은 것은 없다. 탈진실이 아니라 거짓말이다. 프랑스뿐만 아니라 전 세계와 한국에서도 거짓말로 증오와 폭력을 선동하는 자들이

양심의 자유와 표현의 자유를 근간으로 삼는 자유민주주의
의 등에 칼을 꽂고 있다.

『뉴욕타임스』의 전설적인 서평 전문 기자 미치코 가쿠타
니Michiko Kakutani는『진실 따위는 중요하지 않다』에서 거짓
을 근간으로 삼는 폭력적 언어의 기원을 추적한다. 이에 따
르면 나치와 파시스트의 선동 화법을 공산주의자들도 공유
했다. 그것이 포스트모던이라는 이름으로 1960년대부터
미국의 좌파 학자들에게 호응을 얻었고, 주로 고학력 엘리
트를 대상으로 한 대중문화를 거점 삼아 사회 전반에 퍼져
나갔다는 게 그의 설명이다.

21세기가 되자 오히려 우파들이 포스트모더니즘의 반反
문화주의에 편승해 진실을 부정하고 아무렇게나 내뱉으며
적개심을 드러내는 '탈진실'의 물결에 가담했다.『진실 따위
는 중요하지 않다』의 한 대목을 읽어보자.

"트럼프 대통령 옹호자들은 포스트모더니즘의 상대주의
논의를 이용해 트럼프의 거짓말을 변명하고 싶어 하고, 우
파는 진화론에 의문을 제기하거나 기후변화의 현실을 부인
하거나 대안 사실alternative fact을 홍보하고 싶어 한다."

2016년 도널드 트럼프의 대통령 당선은 우파도 좌파도
아닌 거짓과 폭력의 승리였을 뿐이다. 그 뿌리를 거슬러 올

라가면 히틀러뿐만 아니라 레닌의 이름까지 등장한다. 다시 미치코 가쿠타니의 설명을 들어보자.

"레닌은 언젠가 자신의 선동적인 언어가 증오와 혐오와 경멸을 불러일으키려고 의도한 것이라고 말했다. 이런 어법은 상대 계급을 납득시키는 게 아니라 깨부수려고, 적의 잘못을 바로잡는 게 아니라 적을 파괴하려고, 적의 조직을 지구상에서 전멸시키려고 의도한 것이었다. 이런 어법은 실로 적에 대한 최악의 생각, 최악의 의혹을 불러일으키게 하는 성격의 것이다. 이 모두가 트럼프와 지지자들이 2016년 미국 대통령 선거운동 기간 동안 힐러리 클린턴을 공격하면서 사용한 언어('힐러리 클린턴을 가둬라'), 영국 브렉시트 운동의 과격한 지지자들이 사용한 언어, 대서양 양쪽 해안에서 일어나고 있는 우파 포퓰리즘 운동이 점점 더 많이 사용하는 언어의 원형처럼 들린다."

즉, 선동의 언어는 좌우의 구분을 넘어선다. 서구냐 비非서구냐, 근대적 세속국가냐 종교냐 하는 대립과도 무관하다. '적'과 '동지'를 구분하고, 적을 공격하기 위해 거짓말과 폭력을 거리낌 없이 동원하고자 하는 태도의 문제다. 사뮈엘 파티를 향한 적개심을 끌어올리기 위해 자이나가 거짓말을 했고 압델하킴 세프리위가 선동을 했던 것은 그 흐름 위에서 벌어진 또 다른 사례일 뿐이다. 종교의 신성함이나 신앙의 자유와는 상관이 없다.

진실 따위는
아랑곳하지 않는다

우리의 현실로 돌아와 보자. 노영민 대통령 비서실장은 2020년 11월 4일 청와대 국정감사에서 "8·15 광화문 집회 때문에 이것을 클러스터로 해서 발생한 확진자가 600명이 넘는다. 사람까지 7명 이상 죽었다. 도둑놈이 아니라 살인자다, 살인자. 이 집회 주동자들은!"이라고 언성을 높였다. 그 자리에 참여한 사람들이 모두 보고 들었을 뿐만 아니라 속기록에도 기록되어 있는 사실이다.

하지만 이후 논란이 커지자 노영민은 11월 13일 국회 운영위원회에서 "그런 말을 한 적이 없다"며 "국민에 대해 살인자라고 한 적 없다. 어디서 가짜뉴스가 나오나 했더니, 여기서 나온다. 속기록을 보라"고 했다. 탈진실, 아니 거짓말이다. 정부의 요직에 앉아 있는 사람이 국민을 살인자라고 부르는 것도 모자라, 거짓말까지 하고 있다.

문재인 정권 들어 가장 우려스러운 현상이 바로 이런 것이다. 권력을 가진 사람들이 진실 따위는 아랑곳하지 않는다. 국민을 상대로 폭력과 증오의 언어를 아무렇지 않게 뱉어낸다. 김태년 의원이 공무원들에게 'X자식들'이라는 폭언을 던지고, 안민석 의원은 국민에게 'X탱이'라고 문자를 보낸다. 언어 습관이 고상하지 못하다고 말하고 끝낼 일이 아니다. 웃고 넘길 일도 아니다. 그들은 국민을 전혀 두려워하지 않는다.

심지어 여당 상근 부대변인이 시사평론가 진중권을 상대로 "예형의 길을 가고자 한다면 그리하십시오"라는 말을 한 일도 있었다. 『삼국지연의』에서 예형禰衡은 입바른 소리를 하다가 결국 처형당하고 마는 지식인이다. 집권 여당의 부대변인이 지식인을 향해 예형을 운운하는 것은 문자 그대로 협박이다. 영화 〈대부〉(1972년)에서 말런 브랜도Marlon Brando가 '거부할 수 없는 제안'을 하는 것이 어떤 점잖은 제안이 아닌 협박인 것과 마찬가지다. 내가 기억하는 한 민주화 이후 그 어느 정부도 이렇게 대놓고 국민에게 위협을 가한 적은 없다.

문재인 정권의 이런 행태는 어쩌면 일찌감치 예견되었을지도 모른다. 2017년 민주당 대선후보 경선 과정에서 지지자들이 타 후보에게 문자 폭탄을 보내고 18원의 후원금을 넣는 등의 방식으로 공격적 행동을 할 때 문재인 후보의 반응을 떠올려보자. "경쟁을 흥미롭게 만들어주는 양념 같은 것"이라고 하지 않았던가? 이는 친문 세력뿐만 아니라, 문재인 자신이 진실 따위는 아랑곳하지 않으며 거짓을 기반으로 한 폭력을 아무렇지 않게 생각하고 있다는 방증일지도 모른다.

문재인 정권의 가장 큰 약점은 바로 진실의 결여에 있다. 대체 뭐가 그렇게 두렵기에 '검찰개혁'이라는 양의 머리를 내걸고 증권범죄합동수사단 해체 같은 만행을 저지른 걸까?(2020년 1월 추미애 법무부 장관은 서울남부지검 증권범죄합동수사단을 폐지하고 금융조사 1·2부를 신설했다) 또 법무부 장관의 수사지휘권 발동은 독일에서는 전례가 없는 일이다(2020년 7월 추미애 법무부 장관은 검언 유착 사건에 대한 수사지휘권을 발동했다).

일본에서는 1954년 법무대신이 도쿄지검 특수부가 수사하던 뇌물 정치인 사건을 불구속 지휘한 사례가 유일하다. 결국 법무대신은 여론의 비난에 사퇴했다. 수사지휘권을 남발하는 모습을 보면 그렇게라도 해서 감춰야 할 무언가가 있다는 '합리적 의심'을 거두기가 어렵다. 이로 인해 민심은 급기야 퇴임하지도 않은 현직 검찰총장을 차기 대선후보로 바라보게 되었다.

거짓말쟁이를 추궁하면 계속 거짓말을 한다. 그래도 끝까지 물어보면 나중에는 의심당하는 자신이 불쌍하다는 식으로 피해자 행세를 하거나 되레 화를 내는 경우도 있다. 청와대와 정부 여당에서 쏟아지는 '막말'들은 그런 면에서 단순한 말실수가 아니다. 교양이 부족하고 품위가 없어 생기는 일이라고 치부할 수도 없다. 폭언과 선동은 거짓말의 또 다른 표현이다.

올바른 정치를 되찾기 위해 우리는 무엇을 해야 하는가? 다양한 세력을 규합하고 의제를 파악하며 담론을 형성하고 대중을 견인하는 등 여러 과정이 필요할 테다. 하지만 가장 중요한 것은 결국 '진실'이다. 설령 그 진실이 아프고, '우리 편'에게 당장 이익이 되지 않는다고 해도 거짓이 아닌 진실을 택해야 한다. 너무 뻔하고 식상한 말처럼 들릴지도 모르겠지만, 거짓은 진실을 이길 수 없다.

누가 국민의 입을 막는가?

파시즘의 논리와 지식인의 죽음

'북조선의 개, 한국 대통령 문재인의 새빨간 정체.' 34세 청년 김정식이 전단을 인쇄해 서울 여의도 국회 의사당 분수대 주변에서 뿌렸던 문구다. 그는 2019년 7월 17일 전단을 살포했고, 같은 해 12월 경찰에서 모욕죄 혐의로 수사를 받기 시작했다. 1년 반 넘게 수사를 끌던 경찰은 2021년 4월 28일에 이르러서야 기소 의견으로 검찰에 사건을 송치했다. 이 사실이 언론을 통해 알려지면서 여론의 반발이 거셌다. 대한민국 대통령 문재인이 일개 국민을 향해 고소를 했다는 뜻이었기 때문이다.

여론이 급격하게 나빠지자 청와대는 5월 4일, 박경미 청와대 대변인을 통해 이 사안에 대한 논평을 내놓았다. "문재인 대통령은 2019년 전단 배포에 의한 모욕죄와 관련하여 처벌 의사를 철회하도록 지시했습니다."

하지만 문재인은 사과하지 않았다. "이 사안은 대통령 개인에 대한 혐오와 조롱을 떠나, 일본 극우 주간지 표현을 무차별적으로 인용하는 등 국격과 국민의 명예, 남북 관계 등 국가의 미래에 미치는 해악을 고려하여 대응을 했던 것"이라며, 도리어 김정식을 두고 '친일파 몰이'를 하는 모습을 보여주었다.

게다가 "앞으로 명백한 허위 사실을 유포해 정부에 대한 신뢰를 의도적으로 훼손하고, 외교적 문제로 비화할 수 있는 행위에 대해서는 적어도 사실관계를 바로잡는다는 취지에서 개별 사안에 따라 신중하게 판단해 결정할 예정"이라고도 했다. 마지막으로, '너희들 입 조심해라'는 협박성 문구로 읽힐 수 있는 말도 빼놓지 않았다. "이번 일을 계기로 국격과 국민의 명예, 국가의 미래에 악영향을 미치는 허위 사실 유포에 대한 성찰의 계기가 되기를 바랍니다."

대체로 많은 사람은 이 사건 앞에서 냉소를 보냈다. '좀스럽고 구차한 일'이라는 반응이 줄을 이었다. 문재인이 경남 양산 사저 부지 구입 의혹과 관련해 페이스북에 직접 올렸던 게시물의 표현을 인용해, '일국의 대통령으로서 상상하기 어려운 치졸한 태도를 보였다'고 조롱한 것이다.

하지만 그렇게만 이야기하고 넘어가서는 안 된다. 이 사건은 1987년 민주화 이후 우리의 민주주의와 헌정 질서가 맞닥뜨린 가장 중대하고 심각한 위협이다. 대통령을 정점으로 한 국가권력이 한 시민의 표현의 자유를 침해했다. 더 나쁜 것은 그와 같은 표현의 자유 침해에 대해 어떤 논리와 명분을 가져다 댔다는 것이다. 그로 인해 이 사건은 단지 대통령직을 역임하는 누군가가 개인적으로 느끼는 모욕감의 문제를 넘어서게 되었다.

결론부터 말해보자. 이번 모욕죄 고소 철회에 대한 청와대 입장문은 '반일 공안 통치'의 도래를 예감하게 한다. 과거 군사독재 시절은 '반공 공안 통치'의 시대였다고 할 수 있는데, 그것과 같은 방식으로 작동하는 나쁜 논리를 제시하고 있는 셈이다.

더 우려스러운 사실도 있다. 이렇게 대놓고 국민의 표현의 자유를 억압하는 정부가 출현했고, 그 근거로 파시즘에 가깝다고 볼 수밖에 없는 논리를 제시하고 있음에도, 그 허다한 '양심적 지식인'은 입을 다물고 있다. 말을 하는 사람들이 없지 않지만 대부분은 '좀스럽고 민망한 일' 같은 냉소를 되풀이하고 있을 뿐이다.

그래서는 안 된다. 이것은 매우 심각한 사안이다. 진보와 보수를 떠나 자유민주주의 사회를 유지하기 위한 최소한의 원칙이 있다. 문재인이 모욕죄 고소를 철회하며 내놓은 입장문은 그러한 자유민주주의의 근본 원칙을 부정한다. 대한민국이라는 나라에 최소한의 애정과 귀속감을 느끼는 지식인이라면 일제히 들고일어나 반발해야 마땅하다.

북조선의 개와 부시의 푸들

문재인은 김정식을 모욕죄로 고소한 이유를 '일본 극우 매체'에서 찾았다. '북조선의 개'라는 표현이 일본 매체, 그것도 극우 매체에서 나온 것이므로, 문재인이라는 개인이 아닌 일국의 대통령으로서 용납할 수 없다는 뜻이다. "국격과 국민의 명예, 남북 관계 등 국가의 미래"에 해악을 끼쳤다고 설명하고 있는 것으로 보아 그 취지는 명백해 보인다.

김정식은 그 표현을 일본 극우 매체의 내용을 번역 소개한 국내 언론의 기사를 보고 썼다. 굳이 연원을 따지자면 '일본 극우'라는 말이 나오는 것은 틀렸다고 할 수 없다. 하지만 '북조선의 개'라는 표현을 곧장 일본 극우와 연결 짓는 것은 옳지 않다. 'OOO의 개'라는 표현은 국가, 문화, 맥락을 뛰어넘어 굉장히 흔히 쓰이는 관용구이기 때문이다.

가령 9·11테러 이후 이라크 전쟁이 벌어졌던 무렵을 떠올려보자. 당시 영국 총리였던 토니 블레어Tony Blair는 전 세계가 반발하는데도 미국의 이라크 침공을 찬성했다. 심지어 상당 숫자의 군대까지 파병했다. 전 세계에서 쏟아지는 비난은 하나의 어구로 수렴되었다. '부시의 푸들Bush's Poodle.'

'부시의 푸들'은 워낙 많이 쓰이는 용어가 된 덕에 사전에도 올라 있다. 영국 옥스퍼드대학 출판부에서 간행하는 『브루어스 딕셔너리 오브 모던 프레이즈 앤드 페이블Brewer's Dictionary of Modern Phrase& Fable』(브루어의 현대 관용구와 일화

사전) 2판에 정식 표제어로 등재된 것이다. 토니 블레어를 향한 '부시의 푸들'이라는 모욕적 표현은 이렇듯 현대 영어의 일부로 언어적 시민권까지 갖고 있다.

누군가가 다른 이에게 굴종적이고 비겁한 태도를 보일 때, 싫은 일을 겪으면서도 싫다는 말 한마디 제대로 못할 때, 주책맞게 끌려다니고 모욕을 당하면서도 제대로 표현하지 못할 때, 그럴 때 우리는 'A는 B의 개'라는 식의 표현을 사용한다. 이는 전 세계에서 공통적으로 사용되는 표현이다. 모든 문화권에서는 개를 기르고, 개는 주인에게 맹목적으로 보일 정도로 강한 충성심을 보이게 마련이기에 생긴 인류 공통의 표현이다.

그렇다면 누군가 '문재인은 북한의 개'라는 말을 한다 해서 그 사람을 곧장 '일본 극우 언론 같은 소리를 한다'고 몰아붙이는 일이 과연 정당한가? 그럴 수는 없다. 'A는 B의 개'라는 어구는 그 누구의 전유물도 아니다. 누군가 '문재인은 북한의 개'라고 말했다고 해서 그 사람을 '일본 극우파'인 양 몰아가는 행태는 부당하다. 북한에서 '동무'라는 단어가 많이 사용된다는 이유로 '동무들아 오너라'로 시작하는 노래를 부르는 아이를 간첩 혐의로 체포하는 것과 다를 바 없다. 언어를 뒤틀어서 위협과 폭력을 가하는 짓이다.

이런 해괴망측한 논리는 군사독재 시절 민주화 운동, 노동 운동, 사회 운동을 하던 사람들을 친북 공산주의자로 몰아가던 공안 당국의 억지 논리와 매우 닮아 있다. 과거에는 '빨갱이'라고 손가락질했다면, 지금은 '토착왜구'라고 지목하고 있을 뿐이다.

남북 관계에
찬물을 끼얹지 마라

2021년 5월 10일 진행된 대통령 특별연설 및 기자회견 내용을 보면 우려는 더욱 커진다. 문재인은 이렇게 말했다. "국민들께서도 대화 분위기 조성에 힘을 모아주시기 바랍니다. 특히 남북 합의와 현행법을 위반하면서 남북 관계에 찬물을 끼얹는 일은 결코 바람직하지 않습니다. 정부로서는 엄정한 법 집행을 하지 않을 수 없다는 것을 강조합니다."

문재인의 말은 일차적으로 대북 전단 살포 행위를 중단하라는 뜻으로 해석된다. 문재인 정권이 남북 합의를 통해 대북 전단을 날리지 않기로 하고, 심지어 대북 전단 살포 행위를 처벌하는 법까지 만들었다는 점을 놓고 보면 그 점에는 오해의 여지가 없다.

하지만 그것이 전부라고 볼 수도 없다. 문재인 정권은 북한 주민을 향해 뿌리는 전단이 아니라 우리 국민을 향해 뿌리는 전단에 대해서도 대통령 개인에 대한 모욕죄까지 들먹여가며 입을 틀어막고 있으니 말이다.

문재인이 김정식을 모욕죄로 고소한 사안에 대해 생각해보자. 그것은 대통령이 5월 10일에 엄단하겠다고 한 "현행법을 위반하면서 남북 관계에 찬물을 끼얹는 일"에 해당한다. 형법에 규정된 모욕죄라는 범죄를 저질렀으며, 김정은이나 김여정이 전해 듣는다면 어쨌건 기분 좋을 일은 아닐 테니 말이다.

여기서 우리는 5월 10일 대통령 특별연설이 지닌 특별한 위험에 대해 생각하지 않을 수 없다. 국가보안법은 사실상 사문화되었다. 하지만 이를 대체할 만한 더 끔찍한 악법의 그림자가 어른거리고 있다. 그 법의 이름은 다름 아닌 '김정은 심기 보안법'이다. 김정은의 기분이 나쁠 것 같은 말과 행위를 하면 정부가 나서서 국민의 입을 틀어막는 법이다.

문재인이 추진하는 '남북 관계 개선'은 평범한 북한 주민, 즉 억압받는 북한 사람들보다는 북한을 지배하고 있는 김정은 일가의 이익에 복무하는 것을 일컫는 듯하다. 따라서 '남북 관계'의 진전을 위해서는 김정은 일가의 비위를 맞추는 게 무엇보다 중요한 과제가 된다. 문재인은 특별연설에서 특별히 이 점을 콕 찍어서 강조하고 있다. "남북 관계에 찬물을 끼얹는 일"은 "엄정한 법 집행"으로 다스리겠다고 말이다.

김정은의 기분이 나빠지면 안 되니까 우리 국민을 형사고발하고 수사하고 감옥에 보낼 수도 있다는 말과 무엇이 다른가? 대한민국 대통령이 국민을 향해 그런 소리를 하고 있다. 국가보안법이 악법이라고, 표현의 자유를 가로막는다고, 그토록 오랜 세월 항변해왔던 정치 세력의 대표자로서 대통령직에 오른 사람이 할 소리인가?

삶은 소대가리와 미국산 앵무새

북한을 대하는 문재인의 모습은 너무도 의아하다. 김정은 일가를 대하는 그의 태도뿐만 아니라 그들에게서 돌려받는 존중의 크기 역시 생각해보아야 한다. 문재인은 북한에 대해 늘 호의적인 태도를 보이고 있지만, 북한에서 돌아오는 반응은 그저 싸늘할 뿐이다.

아니, 싸늘하기만 하면 다행이다. 북한이 적의를 갖고 우리 정부에 대해 발언했던 내용을 떠올려보자. '삶은 소대가리'니, '미국산 앵무새'니, '국수 처먹을 땐 요사 떤다'느니 하는 막말을 쏟아부었다. 그럼에도 문재인이 북한을 향해 '그러지 마라'고 단 한 번이라도 제대로 목소리를 낸 적이 있던가?

이와 같은 행태를 '개와 같은 굴종'이라고 표현하지 않을 도리가 없다. 일본 극우 매체가 대놓고 말을 꺼냈다 뿐이지, 이는 문화와 인종과 국경을 넘어 모든 인류가 동일하게 판단할 수밖에 없는 사안이다. 미국의 막무가내 이라크 침공에 장단을 맞추었다는 이유로 영국 총리 토니 블레어는 '부시의 푸들'이라는 오명을 뒤집어썼다. 토니 블레어는 '부시의 푸들'이라고 불려도 되는데, 문재인은 왜 그런 비판을 면제받아야 하는가?

하물며 토니 블레어는 조지 W. 부시George W. Bush에게서 아주 좋은 대접을 받았다. 부시 대통령은 블레어 총리를 개인적으로도 매우 친근하게 여겼다. 그래서 정상회담을 하기 위해 언론을 앞에 두고 만나는 자리에서도 '요, 블레어Yo,

Blair'라고 불렀다가 가벼운 구설수에 오르기도 했다.

문재인은 어떤가? 2021년 5월 12일 언론 보도에 따르면 북한은 김정은의 외교 활동을 정리한 화보집에 문재인의 사진을 단 한 컷도 넣지 않았다. 세 번이나 정상회담을 가졌지만 단 한 번도 거론되지 않았다. 이는 '악플보다 무서운 무플' 따위의 농담으로 얼버무릴 일이 아니다. 김정은은 모욕보다 심한 경멸과 멸시의 눈으로 문재인을 바라보고 있다.

과연 집권 여당은 문재인을 두고 '북조선의 개'라고 부른 표현에 대해 논리적으로 부정할 수 있을까? 대체 무슨 목적을 이루기 위해 대한민국 대통령이 북한 주민들을 무력으로 지배하는 자에 대해 이런 태도를 취하는가? 문재인은 왜 자신을 욕되게 하는가? 좋건 싫건 그는 우리나라의 대통령이다. 그는 왜 국민의 명예를 지켜주지 않는가?

문재인이 북한에 대해 굴욕적인 외교를 하는 것을 나는 탐탁잖게 여긴다. 동서고금을 막론하고 그렇게까지 저자세로 비굴한 행태를 보이는 사람은 개에 비유되기도 했다. 도저히 인정하고 싶지 않지만 현실이다.

더 나쁜 것은 대통령과 정부가 앞장서서 국민의 입을 틀어막으려 하고 있다는 것이다. 그러나 논리가 옹색할 수밖에 없다. 정당성을 끌어내기 위해 청와대가 앞장서서 일본 극우 매체를 운운하는 것은 그래서다. 여당과 지지자들은 김정식의 정치색을 문제 삼으며 이 사안을 보수 대 진보의 갈등 구도 속에 묻어버리려 하고 있다.

이것은 여야의 문제가 아니다. 진보와 보수의 문제도 아니다. 민주공화국을 떠받드는 가장 중요한 원칙인 표현의 자유가 백척간두의 위기에 서 있다. '너 빨갱이지?'라고 입을 틀어막는 시대가 끝나가니, 이제는 '너는 일본 극우'라며 고소장을 들이미는 시대가 다가오는 중이다. 내가 어린 시절부터 보고 동경해왔던, 똘레랑스(관용)를 지키기 위해 엥똘레랑스(비관용)와 싸운다던, 그 많은 양심적 지식인은 대체 무엇을 하고 있는 것일까?

나는 한국에서 태어나고 자란 한국인이다. 독도는 우리 땅이고, 욱일기가 그려진 옷이나 액세서리는 애초에 있지도 않거니와 앞으로도 구입할 계획이 없다. 하지만 나는 '북조선의 개, 한국 대통령 문재인의 새빨간 정체'라는 말을 할 자유를 지지한다. 이 글에서 '북조선의 개'라는 말은 총 여섯 번 반복되었다. 이 글이 남북 관계에 찬물을 끼얹는 것인가? 문재인은 이 글을 읽고 모욕감을 느낄 것인가? 그렇다면, 나를 고소하라.

제6장

팬덤과
부족주의

우리가 인간인 이상
부족주의 자체를 없앨 수는 없다.
하지만 정치는 가장 공적인 영역이자
많은 사람의 이해관계가 드러나고
조율되어야만 하는 분야다.
정치가 부족주의에 끌려다니는 것은
어떤 면에서 보더라도 바람직하지 않다.

팬덤
정치
잔혹사

극성 친문의
문자 폭탄

극성 열혈 지지층은 현재 정치권의 가장 뜨거
운 화두다. 야당보다는 여당에서 더 큰 고민거리가 되어 있
다. 민주당은 4·7 재보궐선거에서 서울시장과 부산시장 자
리를 동시에 빼앗겼다. 그렇지만 극성 친문 지지층의 목소

리가 더욱 커지고 있다.

4월 9일 민주당의 초선 의원 5명(전용기, 이소영, 오영환, 장
경태, 장철민 의원)은 '더불어민주당 2030의원 입장문'을 내
고 '조국 사태' 때 조국 전 장관을 감싼 것을 반성한다는 취
지의 입장을 밝혔다. 이에 사흘 뒤 '민주당 권리당원 일동'
명의의 권리당원 성명서가 발표되었다. 성명서는 초선 의원
들의 입장 발표를 '초선 의원의 난亂'이라 표현하며, "초선
의원들은 4·7 재보궐선거 패배 이유를 청와대와 조국 전
장관의 탓으로 돌리는 왜곡과 오류로 점철된 쓰레기 성명서
를 내며 배은망덕한 행태를 보였다"는 과격한 표현까지 내
놨다.

극성 친문은 단지 성명서를 발표한 데 멈추지 않았다. 상
지대학교 김정란 명예교수 등 유명 극성 친문 지지자들이 앞
장서서 초선 의원 5명의 연락처를 공유하기 시작했다. 그 번
호로 온갖 폭언이 담긴 문자 메시지를 보내고 그것을 SNS에
인증하는 모습을 어렵지 않게 볼 수 있었다.

민주당에서 극성 친문이 미치는 영향력은 앞으로 더욱 커
질 듯하다. 4·7 재보궐선거 패배에 책임을 지고 당 지도부
가 총사퇴한 가운데 새로운 당대표와 최고위원을 뽑는 전당
대회가 예정되어 있기 때문이다. 규정대로라면 지도부 공백

을 최소화하기 위해 최고위원은 당규에 따라 중앙위원회에서 뽑아야 한다. 하지만 차기 당권 주자인 홍영표와 우원식 의원뿐만 아니라 문자 폭탄에 시달린 초선 의원 5명까지 권리당원 전체 투표를 통한 최고위원 선출을 요구했다. 이에 민주당 비상대책위원회는 당대표와 최고위원을 전당대회에서 뽑기로 결정했다(5월 2일 민주당 전당대회에서 당대표에 송영길 의원이 선출되었고, 최고위원에 김용민·강병원·백혜련·김영배·전혜숙 의원이 선출되었다).

민주당에서 당비를 내는 당원을 권리당원이라고 한다. 모든 민주당 권리당원이 극성 친문인 것은 아니다. 하지만 극성 친문이라면 99퍼센트 이상의 확률로 권리당원일 것이다. 요컨대 민주당 전당대회에서 극성 친문은 막강한 조직표로 작동하고 있다.

민주당 전당대회 규정상 권리당원은 40퍼센트, 일반 당원은 5퍼센트, 일반 국민은 10퍼센트의 투표권을 갖는다(대의원은 45퍼센트). 그러니 권리당원의 지지를 받으면 무난히 이길 수 있다. 4월 16일 선출된 윤호중 원내대표 역시 친문 성향으로 분류된다. 이번 전당대회를 통해 민주당이 한층 더 강경한 '친문 정당'으로 향할 것이라 짐작하는 것은 어렵지 않은 일이다.

일단 오해의 여지가 없는 내용부터 이야기해보자. 이유 여하를 막론하고, SNS에서 특정인의 연락처를 공유하며 욕설과 폭언 등을 퍼붓는 행위는 잘못된 것이다. SNS를 통해 악플 폭격을 하는 것 역시 마찬가지다. 상식적인 시민사회의 양식과 기준에 부합하지 않는 행위다. 위법성이 있을 때에는 처벌의 대상이 되어야 할 것이다.

하지만 정치, 특히 정당정치의 본질에 대해서는 다른 각도에서 짚어볼 필요가 있다. 극성 친문 지지자들의 행태를 두고 일각에서는 '소수가 다수의 의사를 왜곡하는 현상'이라고 비판한다. '민심'과 '당심'이 괴리되었을 때, 마땅히 '민심'을 따라야 한다는 주장이다.

얼핏 들으면 반론의 여지가 없는 정론正論처럼 들린다. 소수의 열성적 지지층이 활동해 일부 의원들을 움직이고, 그들이 다른 방향으로 행동하면서 당이 바뀌고, 정당이 국가 전체의 국정을 좌우하는 상황은 우리에게 전혀 친숙하지 않기 때문이다.

하지만 당원의 투표로 정당의 행보가 결정되는 것 자체를 '민주주의에 반反한다'고 말할 수는 없다. 오히려 정반대다. 당원의 뜻에 따라 정당이 움직이는 것은 민주주의의 기본이며 핵심이다. 우리가 알고 있는 민주주의 국가 중 상당수가

실은 국민보다는 집권 여당의 당원들의 마음에 따라 움직이
고 있다.

부자 노인들의
정당

가장 최근의 사례다. 영국 총리 보리스 존슨
Boris Johnson은 어떻게 집권하게 되었을까? 그는 2019년 테
리사 메이Theresa May 총리가 사임한 후 보수당 당원들의 투
표로 당대표가 되었다. 집권당의 당대표는 곧 총리다. 따라
서 그는 총리로 취임했다. 물론 그전에도 브렉시트Brexit(영
국의 유럽연합 탈퇴) 운동을 펼치며 온 국민에게 자신의 이름
과 얼굴, 정치적 의제를 알린 상태였지만, 영국인들이 그를
총리로 직접 뽑지는 않았다.

보리스 존슨은 보수당 내 경선을 통해 영국 총리가 되었
다. 그 투표권은 오직 보수당원만이 가지고 있었다. 보수당
의 당원은 노년층이 다수를 점하고 있다. 소득수준을 놓고
보아도 잘사는 사람이 많다. 한마디로 부자 노인들의 정당
이다. 영국이라는 나라의 총리가 오직 부자 노인들만의 투

표로 결정되는 게 과연 합당한 일일까?

브렉시트의 경제적 여파를 정확히 말하기는 아직 이르다. 하지만 일반적인 경제 상식에 비추어보면, 브렉시트는 무역과 국가간 노동력의 이동을 저해한다. 이는 전반적으로 경제의 활력을 떨어뜨린다. 한창 일할 나이의 젊은이, 특히 가난한 젊은이들에게 좋지 않은 영향을 미치리라 예상할 수 있다.

그러니 영국의 주요 언론들이 새삼스럽게 '온 국민의 의사와 무관하게 보수당의 당내 경선으로 새 총리를 뽑는 상황'을 문제 삼았던 것도 놀랄 일은 아니었다. 『가디언』으로 대표되는 영국의 진보 성향 언론은 유럽연합과 국경의 개방성 등 진보 의제를 놓고 보리스 존슨의 취임에 반대했다. 『파이낸셜타임스』나 『이코노미스트』 같은 보수 성향의 경제지들도 브렉시트가 미칠 경제적 여파와 혼란을 우려하며 보리스 존슨을 반대했다.

하지만 보수당은 예정대로 당대표 경선을 강행했고 보리스 존슨이 승리했다. 이후 정치 상황이 여의치 않자 그는 의회 해산과 조기 총선을 단행했다. 2019년 12월, 아직 코로나19가 중국 밖으로 퍼져나가지 않던 그 무렵, 보리스 존슨은 자신의 이름을 걸고 국민을 대상으로 한 선거를 치렀다.

선출 의석 650석 가운데 365석을 차지해 단독으로 과반을 넘기는 압승이었다.

정당보다
사람

여기서 우리는 내각책임제가 정당과 정치를 이해하는 방식을 알 수 있다. 내각책임제에서 집권의 주체는 사람이 아니다. 정당이다. 어떤 정당이 총선을 통해 다수 의석을 차지하거나, 총선 후 여러 정당이 연정을 통해 다수 의석을 확보한다. 그렇게 집권당 혹은 집권 내각이 형성되고, 그들이 법을 만들고 집행하며 국정을 수행한다.

반면 우리에게 익숙한 정치 문화는 정당보다 사람에 초점이 맞춰져 있다. 이는 민주주의의 역사가 길지 않은 후발 주자로서 어찌 보면 자연스러운 일이다. 김종인 전 국민의힘 비상대책위원장이 언론 인터뷰에서 말했듯, 국민의힘으로 이어지는 한국 보수정당은 그저 '대통령당'일 뿐이었다. 자체적인 정치 의제를 토론하고 형성하는 기능 따위는 하지 않았다. 대통령의 의중에 따라 법을 만드는 거수기 집단에 더 가까웠다.

김영삼과 김대중이라는 두 보스가 건재하던 시절로 돌아가 보면 야당 역시 다르지 않았다. 김영삼·김대중은 당대표를 넘어서는 존재였다. 정치, 정책, 가치관 등을 표상하는 아이콘이었다. 그들은 필요할 때마다 당 이름을 바꾸고 조직을 개편했다. 어차피 본질은 '김영삼당', '김대중당'이었을 뿐이니 말이다.

이와 같은 정치 문화를 근본적으로 잘못되었다고 말할 수는 없다. 당시는 급격한 사회적 변화를 겪던 고도성장기였다. 여당이건 야당이건 집중된 리더십의 필요성은 당내 민주주의라는 명분을 압도하기에 충분했다. 1987년 직선제 개헌, 그 이후의 역동성 있는 정치 변화 등은 정당보다는 사람, 특히 대선주자를 중심으로 빠르게 이합집산을 하는 한국 정치의 기본 구조에서 출발하고 있다.

하지만 이것은 민주주의의 원론과는 다르다. 정당을 중심으로 작동하는 의회정치의 중요성이 누락되어 있기 때문이다. 선진국형 정치는 사람이 아니라 시스템, 누군가의 개인적 의지나 열정이 아니라 다수에 의해 합의된 이상과 이념에 따라 움직인다. 이를 원한다면 정당의 역할은 더욱 커져야 한다.

참여하는 민심,
책임지는 당심

　다시 영국의 사례로 돌아가 보자. 문화체육관광부에서 발행하는 『대한민국 정책 브리핑』에 따르면, 영국의 선거는 돈이 안 드는 것으로 정평이 나 있다. 아예 법으로 돈을 못 쓰게 막아놓았다. "영국은 선거법상 선거 비용을 1만 파운드(약 1,500만 원) 이하로 엄격히 제한하고 있고 유권자들을 직접 찾아나서는 선거운동원에게 절대 돈을 지급할 수 없다."

　그렇다면 대체 어떻게 선거를 치를 수 있다는 말인가? 비밀을 풀 열쇠는 자원봉사에 있다. "영국의 선거운동은 무보수 자원봉사자가 주축을 이루고 있다. 자원봉사자들은 점심 식사를 자비로 챙겨오고 교통비도 자기 돈을 쓴다. 말 그대로 '봉사'를 하는 것이다." 주영 대사관 홍보실에서 제공한 자료라고 하니 믿어도 좋을 듯하다.

　왜 영국의 정치 고관여층은 기꺼이 자신의 시간과 돈을 써가며 자원봉사를 하는 걸까? 정치에 대한 영국인의 관심과 사랑이 유별나기 때문은 아닐 것이다. 정치에 대해 관심 많기로 따지면 한국인을 능가할 사람이 어디 있겠는가? 하지만 대부분의 한국인은 정당에서 자원봉사를 하지 않는다. 그 대신 그들 중 일부는 인터넷에서 악플을 달고 문자 폭탄을 보내는 등의 비상식적인 행위를 일삼는다. 이 차이는 대체 어디서 비롯하는 것일까?

앞서 이야기했듯 영국에서 특정 정당의 당원이 된다는 것은 퍽 많은 함의가 있다. 당대표를 뽑는 등 주요 의사결정에서(물론 정당마다 규정이 다르긴 하겠으나) 대부분 여론조사와는 무관하게 당원이 전적인 결정권을 갖는다. 평소에는 그리 큰 의미가 없을 수도 있다. 하지만 테리사 메이가 사임하고 보리스 존슨 등 다양한 후보가 당대표 경선에 나서는 상황이라면 그 무게가 달라진다. 나의 한 표가 지금 당장 누군가를 영국 총리로 만들 수도 있기 때문이다.

비단 영국만의 일이 아니다. 다른 '민주주의 선진국' 역시 정당을 운영하는 데 자원봉사에 크게 의존한다. 그 대신 당원과 자원봉사자들에게 그만한 정신적 보상을 제공한다. 그중 핵심은 당내 의사결정권을 주는 것이다. 설령 '민심'과 '당심'이 다르다 해도 '당심'을 이루는 사람들은 어떤 이념이나 정책에 집중하고 그에 따른 정치적인 책임도 진다.

극단적인 두 사례를 비교해볼 수 있다. 보리스 존슨을 총리로 만든 영국 보수당의 '당심'은 총선 승리로 이어졌다.

반면 제러미 코빈Jeremy Corbyn을 열렬히 지지하던 노동당의 진보 블록, 소위 '코빈마니아Corbynmania'들은 그렇지 못했다. 노동당은 2019년 12월의 총선에서 처참히 패했다. 코빈의 오랜 정치 경력 역시 그 시점에 종지부를 찍었다.

존슨 지지자들이 옳고 코빈 지지자들은 틀렸다는 식으로 말할 수는 없다. 어떤 '당심'은 '민심'과 가까웠거나 민심을 설득하는 데 성공했다. 반면 다른 '당심'은 그러지 못했다는 차이가 있을 뿐이다. 코빈 지지자들은 당내 경선과 총선 과정에서 자원봉사를 하며 뜨겁게 정치에 참여했다. 다만 유권자들이 그들의 지나친 사회주의 성향을 받아들이지 않았을 따름이다.

정치에 관심 있는 사람들이 정당에 들어간다. 혹은 스스로 정당을 만든다. 민주적으로 그 정당의 의사결정에 참여한다. 이념과 정책을 정직하게 밝히고, 대중을 설득해 그에 따른 정치적인 결과도 온전히 스스로 책임진다. 우리가 꿈꾸는 이상적인 정치의 작동 방식과 매우 가깝다. 결국 당원들이 정당의 문제를 스스로 결정하고 책임지는 정당 민주주의가 관건인 셈이다.

나는 현재로서는 민주당이건 국민의힘이건 '당심'보다는 '민심'에 가까운 지도부가 등장하기를 바라는 편이다. 특히 국민의힘은 젊고 신선한 지도부가 등장해 한국 보수의 새로운 국면을 보여주면 좋겠다.

정당은 정치 결사체다. 당원 스스로 평화적이고 민주적인 방식으로 의사결정을 하고, 지도부를 구성하며, 그에 따른 정치적인 책임도 져야 한다. 그것이 민주주의의 이상에 더욱 가깝다. 민주당과 국민의힘의 변화는 당원에서, 즉 밑에서부터 위로 올라오는 형태여야 한다.

지금처럼 두 거대 정당이 일관된 방향도 이념도 정책도 없이 여론조사에 따라 춤을 추는 것은 바람직하지 않다. 이러한 정치 풍조는 시민들의 '정치 효능감'을 떨어뜨린다. 정치를 '참여하는' 것이 아닌 '구경하는' 것으로 만든다. 평범한 시민들이 정당에 뛰어들어 시간과 돈을 써가며 내 의사를 드러낼 이유를 빼앗는다. 물론 곧장 현실에 적용하는 것은 무리가 있는 이야기지만, 이상을 잊지 말아야 현실을 바꿀 수 있다.

극성 친문, 소위 '대깨문'처럼 자신들의 마음에 들지 않는 정치인에게 문자 폭탄을 보내는 것은 몇 번을 비판해도 부족하지 않다. 이는 보스 정치보다 못한 팬덤 정치로 퇴행하는 것일 뿐이다. 진정한 시민 참여가 이루어지는 정당 민주주의의 꿈을 이루기 위해서라도 극성 지지층의 행태는 제지

될 필요가 있다. 그러면서 좀더 상식적이고 건설적인 시민 참여의 방식을 고민해야 하겠다. 그것이야말로 '정치개혁'의 첫걸음이다.

부족주의

시대의

정치

느슨한 애착에서
완전한 몰입까지

2021년 1월 24일 우상호 민주당 의원이 라디오에 출연해 "오늘은 문 대통령님의 69번째 생신"이라며 "축하드린다"고 했다. 같은 날 박영선 전 중소벤처기업부 장관은 페이스북에 "오늘 문재인 대통령님 생신. 많이 많이 축하드립니다. 대한민국은 문재인 보유국입니다!!! 벌써 대통령님과 국무회의에서 정책을 논하던 그 시간이 그립습니다"라고 썼다.

두 사람 모두 여당 내 무게감 있는 정치인이지만, 문재인과 생일 축하를 주고받는 사적 친분이 있지는 않다. 그들은 왜 이럴까? 이유는 간단하다. 4·7 서울시장 재보궐선거 후보 경선 때문이다. 일반 유권자 50퍼센트와 권리당원 50퍼센트를 합쳐 후보를 결정하는데, 투표에 나설 만큼 적극적인 당원들은 문재인의 열혈 팬인 경우가 많다. 그러니 '문재인 팬덤'에 잘 보여야 하는 것이다.

정치인이 당선을 위해 물불 가리지 않는 것을 타박할 수는 없다. 정치인이 대중의 눈치를 보지 않는 나라가 눈치를 보는 나라보다 좋은 나라라고 말할 수도 없다. 그렇다면 민주당 서울시장 재보궐선거 후보 경선에 임하는 정치인이 문재인 대통령 팬덤의 호의를 얻고자 하는 것을 문제 삼을 수는 없지 않을까?

꼭 그렇지만은 않다. 민주주의는 다양한 이해관계자와 집단을 조율하는 정치 제도다. 유권자는 연령, 지역, 학력, 소득, 성별 등 다양한 방식으로 구분된다. 정치인은 자신이 중요시하는 의제와 유권자가 원하는 의제를 조율해 선거에서

171

승리를 꾀한다. 하지만 팬덤 정치는 이와 같은 통상적 기준과 사뭇 다른 방식으로 작동한다. 겉보기에는 민주적인 듯하지만, 민주주의를 내부에서 파괴할 수 있는 위험을 안고 있기 때문이다.

나는 세상 속 온갖 주제에 대해 설명하는 것을 직업으로 삼고 있는 사람이다. 그럼에도 이해하지 못하는 게 있다. 스포츠 팀을 응원하는 팬의 심리가 그중 하나다. 스포츠가 주는 즐거움을 모른다는 뜻은 아니다. 가령 손흥민이 멋진 골을 넣는 모습을 보면 즐겁고 흥분된다. 하지만 손흥민의 소속팀인 토트넘 홋스퍼를 응원하며 승패에 일희일비하고, 라이벌 팀인 아스널에 분노하며 적개심까지 드러내는 행태는 잘 이해하지 못하는 편이다.

스포츠만의 문제는 아니다. 가수 팬, 영화 팬, 드라마 팬, 수많은 팬이 뭉쳐 서로 화를 내고 공격한다. 왜 사람들은 자신과 거의 무관한 집단에 가상의 소속감을 느낄까? 자신의 충성심을 드러내기 위해 돈과 시간을 쓰고, 정서적 에너지를 쏟아부으며, 때로는 폭행이나 그보다 심한 범죄를 저지르기도 하는 걸까?

영국 사회학자 앤드루 튜더Andrew Tudor는 팬덤이라는 대중문화 현상을 이해하기 위해 1969년 『스크린Screen』에 「영화와 그 영향의 측정Film and the Measurement of its Effects」이라는 논문을 발표했다. 여기서 그는 대중문화 소비자가 팬으로서 받는 영향을 네 가지 모델로 정리했다.

첫째, 정서적 애착emotional affinity. 대중은 특정한 스타를 향해 느슨한 애착을 느낀다. 둘째, 자기 동일시self-identification. 영화의 관객이 자신을 영화 속 등장인물과 동일시한다. 셋째, 모방imitation. 영화 밖 현실에서도 영화의 등장인물을 모방한다. 넷째, 투사projection. 영화 속 등장인물의 외모와 행동을 모방하는 차원을 넘어 심리적인 차원에서 완전히 몰입한다.

이러한 고전적 분석틀은 20세기 중후반까지 상당히 큰 설득력을 발휘했다. 가령 엘비스 프레슬리Elvis Presley가 스타가 되자 젊은 남자들이 엘비스 프레슬리의 이른바 '군함머리'를 흉내냈다거나, 영화 〈티파니에서 아침을〉(1961년)을 본 후 오드리 헵번Audrey Hepburn처럼 검은 드레스에 진주목걸이를 하고 머리를 틀어 올린 여자들이 대거 출현했다거나 하는 현상을 이해하는 데 요긴했다. 미국 하버드대학 심리학과 스티븐 핑커Steven Pinker 교수는 『우리 본성의 선한천사』에서 제임스 딘James Dean이 주연한 〈이유 없는 반항〉(1958년)의 흥행 이후 청소년 사이에 칼싸움과 난폭운전이 늘어났다고 지적한 바 있다.

국내에서도 비슷한 사례는 흔히 발견된다. 지금도 연예인 누가 입었다는 옷이나 행사장에 들고 나타났다는 가방이 품절되어 사람들의 입에 오르내리는 일이 다반사다. 애착, 자기 동일시, 모방, 투사로 이어지는 팬덤의 고전적 해석 모델은 여전히 어느 정도의 설명력을 갖고 있다고 보아야 한다.

우리는
'부족의 시대'에 살고 있다

이것만으로는 충분하지 않다. 20세기까지는 이 모델만으로 충분한 설명이 가능했을지 모르지만, 21세기의 팬덤 문화를 모두 이해하기에는 부족하다. 정보통신 기술이 발전하면서 같은 취향을 지닌 사람들이 서로의 존재를 확인하고 상시적으로 의사소통하고 있다. 이에 같은 '부족'을 형성하는 일이 가능해졌다.

앤드루 튜더의 설명은 스타와 팬의 일대일 관계를 전제로 삼고 있다. 그러나 오늘날 팬덤 현상의 특징을 이해하려면 팬덤 상호간의 관계를 눈여겨보아야 한다. 좀더 과감하게 말하면 스타와 팬의 관계보다 팬덤과 팬덤 사이의 관계가 더 중요하다고 할 수 있겠다.

그런 면모를 잘 보여준 작품이 tvN 〈응답하라 1997〉(2012년)이다. 주인공 성시원(정은지 분)은 고등학교 2학년이자 H.O.T의 열혈 팬이다. 당연히 H.O.T 팬클럽에 속해 있다. 하지만 그가 H.O.T, 그중 자신이 가장 좋아하는 토니 안과 맺는 정신적 관계는 앤드루 튜더의 설명처럼 직선적이지 않다. 수많은 다른 H.O.T 팬과 젝스키스 팬클럽과의 관계 속에 형성되어 있기 때문이다.

두 아이돌 그룹의 팬들은 서로 머리끄덩이를 잡고 싸우고, 험한 말을 주고받으며, 끝나지 않는 자존심 싸움을 벌인다. 이에 따른 감정의 앙금은 성인이 되어서까지 남아 있다. 대체 팬이 뭐라고, 팬클럽 활동이 뭐라고, 이렇게까지 자신을 한 집단에 동일시하면서 동시에 다른 집단을 적대시한다는 말인가?

그것은 우리가 인간이기 때문이다. 오늘날 인간은 거대한 현대사회의 일원으로 살아간다. 하지만 우리의 내면을 이루는 바탕은 150명 내외의 부족 사회를 이루고 있던 때와 크게 다르지 않다. 프랑스 사회학자 미셸 마페졸리Michel Maffesoli가 쓴 책의 제목을 빌리자면, 21세기의 우리는 다시

금 '부족의 시대'에 살고 있다.

1988년에 출간된 『부족의 시대』는 미래를 예견한 책이다. 오늘날의 사회는 국민국가라는 추상적이면서 공식적인 정치 기구와 개별적으로 생각하고 판단하며 경험하는 개인으로 이루어져 있다. 그것이 근대의 세계관이다. 하지만 마페졸리는 그런 근대적 구도가 곧 허물어지고 대신 감성을 공유하는 소집단, 즉 '부족'으로 나누어질 것이라고 예상했다. 개인은 사라지고 대신 '부족원'만 남는 셈이다.

과거의 부족은 씨족과 혈통을 중심으로 구분되었다. 오늘날의 부족은 문화, 스포츠, 성별과 성적 정체성, 종교 등 다양한 요소에 의해 결정된다. 또 원한다면 고통스럽겠지만 탈출해 다른 부족의 일원이 될 수도 있다. 마페졸리는 개인주의가 쇠퇴하고 "다원주의, 수평적 네트워크, 감성적 연대, 촉각적 관계"에 기반하고 있는 신新부족주의의 시대가 도래하는 것을 두려워할 필요가 없다고 주장했다. 어른의 짐을 벗어던진 어린아이가 되어 살아가는 것도 나쁘지 않다는 게 그의 '포스트모던'한 입장이었던 셈이다.

바보 노무현에서
친박연대까지

문제는 팬클럽의 시대, 부족의 시대가 문화·예술의 영역에만 머물러 있지 않다는 데 있다. 21세기가 되자 아이돌 팬클럽의 작동 방식을 참고해 만들어진 정치인 팬클럽의 시대가 열렸다. 그 주인공은 지역감정과 맞서 싸우며 낙선에 낙선을 거듭한 '바보 노무현'이었다.

노무현이 정치적으로 급부상할 무렵, 갓 대학교에 들어갔던 나 역시 그 흐름에 자연스럽게 참여했다. 노란색 돼지저금통을 사람들에게 나누어주고 인터넷에 노무현에 대한 좋은 소식을 퍼 나르며 글을 쓰는 등 '노무현 부족'의 일원으로 활동했다. 당시는 언론뿐만 아니라 기성 정치권이 그 파급력을 예상하지 못했다. 그러나 노무현은 수없이 많은 '각본 없는 드라마'를 쓰며 대통령이 되었다.

'바보 노무현'이라는 이름으로 탄생한 대중 동원과 조직 모델은 박근혜 전 대통령의 팬덤에서 꽃을 피웠다. 박근혜의 팬덤 정치가 얼마나 강력했는지 지금은 실감하기 어려울 수도 있다. 하지만 2008년 제18대 총선에서 '친박연대'가 거둔 성과를 돌이켜보자. 정당 득표율 13퍼센트, 지역구 6석을 당선시켜 총 14석의 의석을 얻었다. 정작 박근혜 자신은 당시 한나라당에 적을 두고 있었다. 그럼에도 한나라당 바깥에서 박근혜의 이름을 걸고 선거에 출마한 후보들이 당선될 정도로 강력한 팬덤 정치가 작동했다.

팬클럽은 한국 정치의 새로운 표준으로 자리매김했다. 달리 표현하면 오늘날의 한국 정치는 공적 조직인 정당과 개인으로서 판단하고 투표하는 유권자를 중심으로 돌아가지 않는다. 그보다는 누구 팬의 숫자가 가장 많은지, 누구 팬이 가장 극성맞은지, 누구 팬클럽 간에 싸움이 붙었는지 말았는지 같은 요소가 가장 중요해져버렸다. 우상호와 박영선이 문재인 팬클럽의 눈치를 보며 '대통령 생신 축하'를 크게 외친 것은 바로 그런 이유 때문이다.

우리가 인간인 이상 부족주의 자체를 없앨 수는 없다. 하지만 정치는 가장 공적인 영역이자 많은 사람의 이해관계가 드러나고 조율되어야만 하는 분야다. 정치가 부족주의에 끌려다니는 것은 어떤 면에서 보더라도 바람직하지 않다. 도널드 트럼프 전 미국 대통령의 당선을 보며 충격을 받은 미국의 지성계가 치열한 성찰 끝에 얻은 결론이기도 했다. 미국 예일대학 로스쿨 교수인 에이미 추아Amy Chua는 『정치적 부족주의』의 서문을 열며 이렇게 이야기한다.

"인간에게는 부족 본능이 있다. 우리는 집단에 속해야 한다. 우리는 유대감과 애착을 갈구한다. 그래서 클럽, 팀, 동아리, 가족을 사랑한다. 완전히 은둔자로 사는 사람은 거의 없다. 수도사도 수사도 교단에 속해 있다. 하지만 부족 본능은 소속 본능만 의미하는 것이 아니다. 부족 본능은 배제 본능이기도 하다."

마지막 문장이 핵심이다. '부족 본능은 배제 본능이다.' 부족 본능에는 필연적으로 '우리'와 '저들'을 갈라놓는 세계관이 반영되어 있다. 그러므로 토트넘 홋스퍼의 팬과 아스널의 팬은 서로 반목한다. 그러면서도 자신의 정체성을 확인하기 위해 '적'이 필요한 것이다.

부족주의의 작동 방식은 나치를 옹호했던 독일 헌법학자 카를 슈미트Carl Schmitt의 이론을 떠올리게 한다. 카를 슈미트는 그의 주저 『정치적인 것의 개념』에서 "정치란 적과 친구를 나누는 것"이라고 단언한다. 카를 슈미트의 세계관 속에서 정치에는 상위의 목적이 없다. 너는 내 편이냐 아니면 적이냐, 이 질문을 던지며 편을 갈라 싸우는 게 정치의 본질이고 그것이 전부다. 정치를 현실적으로 묘사했다고 볼 수도 있지만 '정치 허무주의'라고 해석할 수도 있다.

우리 편과
남의 편을 나누다

팬덤에 의해 유지되고 작동하며 끌려가는 정치가 위험한 이유도 바로 거기에 있다. 정치는 스포츠가 아니다. 응원하는 팀이 이기는 것을 보고 즐기기 위한 게 아니라는 말이다. 우리에게는 해결해야 할 수많은 현실의 안건이 있다. 설령 다수가 아닌 소수의 의견이라 해도 경청하고 존중해야 한다. 또 소수자, 아니 인간으로서 저질러서는 안될 범죄를 저지른 사람이라 해도 보호받아야 할 인권을 갖고 있다.

현대 민주주의가 성립하기 위해서는 법치주의와 다원주의가 필요하다. 선거에서 졌든 이겼든 누구에게나 빼앗길 수 없는 인권이 있다. 또 모든 정치 행위는 법에 따라 이루어진다. 선거에서 패배하더라도 '멸문지화滅門之禍'를 당하지 않는다는 신뢰가 있어야 한다. 그렇지 않다면 권력을 가진 자들은 권력을 잃지 않기 위해 민주주의를 내부에서 파괴하려 들 것이다. 온갖 폭력과 불법적 수단을 동원해 민주적으로 집권한 나치가 적에게는 민주주의를 허락하지 않았던 이유가 바로 거기에 있다.

우리 편과 남의 편을 나누고, 선거를 통해 우리 편이 더 많다는 점을 확인해 이긴 쪽이 진 쪽의 의사를 완전히 묵살하고 자기 멋대로 하는 것. 그것은 민주주의가 아니다. 돌멩이와 곤봉 대신 투표용지와 스마트폰을 손에 쥔 부족주의자들의 패싸움일 뿐이다.

물론 모든 정치의 근간에는 우리와 적의 구분이 깔려 있다. 하지만 특히 우리는 북한이라는 안보의 위험을 무릅쓰고 있으며 대외적인 변화에 민감하게 대응해야 하는 나라에 살고 있다. 한국 정치는 여야를 막론하고 적용될 수 있는 공공선을 발견하고 추구하기 위한 도구로 작동해야 한다. 그러자면 법치주의에 뿌리를 두고 다원주의에 입각한 민주주의가 제대로 작동해야만 한다.

문재인 팬클럽의 환심을 끌기 위해 여당의 중진급 인사들이 공개적으로 생일 축하 메시지를 쏘아 보내던 모습을 보며, 우리의 소중한 민주주의를 생각하지 않을 수 없던 이유다. 한국 정당정치에 팬덤 문화와 부족주의의 짙은 그림자가 드리워져 있다는 방증이기 때문이다.

제7장

소득주도성장과
문재인

문재인이 대통령에 취임한 이후
대한민국 대통령의 말에는
'공신력'이 사라졌다.
대통령의 말을 누구도
진지하게 듣지 않고
믿지 않게 되었다.

정조의 안목과
정약용의 탁월성

다산 정약용은 '인간 엑셀'이었다. 잘 알려진
일화지만 다시 한번 소개해보자. 1795년 3월, 정조가 명을
내렸다. 7년간 전국 여덟 고을에서 나무를 심었는데 어느
고을에서 얼마나 더 심었는지 알 수 없어 정확한 논공행상

185

이 불가능하다는 것이었다. 수레 하나에 가득 찰 만큼 산더미처럼 쌓인 보고서를 내놓고는 책 한 권으로 요약해내라는 게 정조의 명령이었다.

정약용은 일단 장부를 고을별로 분류했다. 또 연도와 날짜별로 다시 나누었다. 이렇게 자료의 체계를 잡은 후 각 고을별로 한 장씩 표를 만들어 세로축에는 나무의 이름, 가로축에는 연도별 날짜를 적었다. 이렇게 한 수레의 장부를 여덟 장으로 요약한 후, 정약용은 그 여덟 장을 다시 한 장의 표로 축약했다. 정조는 나무의 종류와 상관없이 얼마나 많이 심었느냐에 따라 상을 내리겠다고 했다. 세로축에는 고을의 이름, 가로축에는 연도별 날짜에 따른 나무의 숫자를 정리하면 그만이었다.

이렇게 확인된바, 여덟 고을은 7년에 걸쳐 나무 1,200만 9,772그루를 심었다. 정조의 손에는 어느 고을이 언제 얼마나 나무를 심었는지 단번에 파악할 수 있는 한 장의 표가 들어왔다. 정조가 나무의 종류에 따른 최종 보고서를 요구했다면, 정약용은 그 또한 순식간에 만들어낼 수 있었을 것이다. 충실한 원자료에 바탕을 두고 스프레드시트 작업을 끝마친 상태니 말이다.

대부분 사람들은 이 일화를 두고 정약용의 지적 탁월성에 주목한다. 그 말도 옳지만 유능한 신하를 알아보았으며, 자신이 원하는 자료가 무엇이고 어떻게 제출되어야 하는지 정확한 오더를 내린 클라이언트의 중요성을 간과해서는 안 된다. 정조의 안목과 능력이 빛나는 대목이다.

정약용은 천주교 문제가 얽혀 있는, 말하자면 정조의 '아픈 손가락'이었다. 그럼에도 그 시대를 살았던 유능한 인재였다. 정조는 그 능력을 귀하게 여겼다. 정약용이 아무리 탁월한 지적 능력을 가지고 있었다 한들, 정조가 숫자에 기반한 정확한 데이터를 요구하지 않았다면 어땠을까? 어떤 고을 사람들이 나무를 심을 때 더욱 정성스럽게 심었는지, 얼마나 감동적인 표정을 지으며 눈물을 흘렸는지 따위를 물었다면 어땠을지 상상해보자는 말이다. 정약용이 '인간 엑셀'로서 힘을 발휘한 까닭은 정조가 제대로 된 정량적 데이터 Quantitative Data를 요구했기 때문이다.

그러나 숫자와 친한 권력이란 한반도 역사에서 극히 드문 예외에 불과하다. 대부분의 권력자는 숫자를 싫어했다. 숫자에 입각한 정확한 보고를 받는 것도 원치 않았다. 설령 숫자에 입각한 보고를 받는다 해도 권력의 입맛에 맞을 때만 좋아했다. 쓰라린 현실과 차가운 팩트를 일러주는 숫자를 들고 가는 일은 언제나 위험천만한 일이었다. 문재인 정권에서도 같은 일이 이어지고 있다.

통계청장과
소득주도성장

문재인 정권과 숫자의 악연은 2018년으로 거슬러 올라간다. 당시 소득주도성장의 유효성과 성패에 대해 논란이 커졌다. 최저임금 인상을 통해 경기를 부양한다는 발상은 극히 실험적인 생각이며, 아직까지 현실에서 검증된 바 없다. 그럼에도 문재인 정권의 의지는 확고했다.

그 결과는 실패였다. 적어도 소득주도성장이 성공했다고 보기는 어려웠다. 제시되는 통계와 지표는 건전하고 건강한 경제 상황과 퍽 거리가 멀었다. 소득주도성장이 본격화되기 전인 2018년 1분기와 비교해 2분기에는 소득 분배 지표가 급격히 나빠졌다. 통계청 가계동향조사에서 소득 하위 20퍼센트인 1분위 가구의 소득이 한 해 전보다 각각 8.0퍼센트와 7.6퍼센트 급감한 것으로 나타났다. 성장 동력을 유지·강화하면서도 소득 분배를 고르게 한다는 정책 목표가 전혀 달성되지 않았다.

그렇다면 실험적 정책을 입안하고 집행한 주역들이 책임을 져야 한다. 당시 청와대 정책실장이던 장하성(현재 주중 대사)의 경질을 점쳐볼 만했다. 불똥은 엉뚱한 곳으로 튀었다. 목이 잘린 사람은 장하성이 아닌 통계청장이었다. 청와대와 정부는 '마음에 안 드는 숫자가 나와서 통계청장을 잘랐다'고 하지 않았지만, 여당과 정부를 옹호하는 이들은 통계청이 소득 조사 표본을 5,500가구에서 8,000가구로 확대하면서 통계에 오류가 발생했다는 논리를 들이밀었다.

대체로 2년 내외 임기를 채웠던 통계청장이 고작 1년 1개월 만에 물러났다. 그 자리는 강신욱이 채웠다(강신욱은 2018년 8월부터 2020년 12월까지 재임했고, 현재는 류근관이 통계청장이다). 강신욱은 취임하자마자 "장관님들의 정책에 좋은 통계를 만드는 것으로 보답하겠다"고 말해 물의를 빚었다.

소득주도성장이 실패로 돌아간 것은 분명한 사실이다. 정부에서는 그 사실을 인정하지도 부정하지도 않은 채 슬그머니 정책 방향을 철회했다. 8,000가구로 늘어난 표본을 5,500가구로 다시 줄였는지, 아니면 그들이 말하던 '문제'를 시정했는지와 무관하게 통계가 정치에 휩쓸렸다는 사실만큼은 분명해 보인다.

문재인 정권과 숫자의 전쟁은 부동산 문제를 놓고 또 불거졌다. 자고 일어나면 새로운 '핀셋 규제'를 해가며 집값을 잡겠다고 했지만, 공급을 틀어막고 수요만 억누르려 하니 집값이 잡힐 리 없었다. 아주 초보적 경제학 상식을 거스르고 있었지만, 청와대는 자신들의 정책이 옳았음을 숫자로 확인하고 싶었다.

당연히 그런 일은 불가능하다. 정부의 온갖 대책은 집값을 낮추기는커녕 높이는 방향으로 작동했다. 정부와 무관한 거의 모든 전문가가 동의하는 사실이다. 국토교통부 장관 김현미를 비롯한 정부 인사들은 요지부동이었다. 자신들이 추구하는 정책이 옳다고, 혹은 지금은 과도기지만 곧 효과가 나타날 거라고 같은 말을 되풀이하고 있었다.

그냥 우기기만 하면 얼마나 다행일까? 문제는 그들이 원하는 숫자가 나올 때까지 통계의 기준을 만지는 정황이 보인다는 점이다. 가령 2020년 8월 19일 홍남기 경제부총리 겸 기획재정부 장관의 발언을 살펴보자. 그는 전·월세 가격이 급등하고 있는 것으로 나타난 통계에 대해 "현행 전세 통계는 집계 방식의 한계로 임대차 3법(전월세신고제·전월세상한제·계약갱신청구권제)으로 인한 전세 가격 안정 효과를 단기적으로 정확히 반영하는 데 일부 한계가 있다"며 "전문가 의견을 수렴해 보완 방안을 신속히 검토할 예정"이라고 말했다. 침대에 누웠는데 사람의 발목이 삐져나왔으니, 침대를 늘리는 게 아니라 사람 발목을 자르겠다는 소리로 들리지 않는가?

주먹구구식 통계

이렇게 주먹구구식으로 통계를 주무르다 보니 말도 안 되는 희극이 벌어지기도 한다. 문재인 정권은 2020년 8월 중순부터 지금까지 서울 아파트 가격은 매주 0.01퍼센트씩 상승했을 뿐이라고 했다. 정부의 규제가 제 기능을 하고 있다는 취지다. 그런데 같은 기간 월간 상승률은 0.29퍼센트다. 한 달은 4주니까, 단순히 합산하건 누적 계산을 하건, 주간 상승률을 모두 더해도 월간 상승률에 미치지 못한다. 숫자가 안 맞는다. 문재인 정권 출범 이후 지속되고 있는 산수와의 전쟁이다.

바다 위에 갈매기가 모여들면 물 밑에 물고기들이 모여 있다고 짐작할 수 있다. 마찬가지로 문재인 정권이 '이 통계는 잘못된 통계'라고 손가락질하면 해당 영역에 뭔가 문제

191

가 있을 거라고 짐작해볼 수도 있을 듯하다. 고용노동부 산하 한국고용정보원에서 매년 수행하는 대졸자직업이동경로조사GOMS의 자료 수집을 폐지하려 한다는 소식을 듣고 가장 먼저 떠올릴 수밖에 없던 생각이다. 시험을 망쳐놓고 나쁜 결과가 나올까봐 채점하지 않고 있는 학생처럼, 문재인 정권은 지표가 나쁘게 나올 것 같으면 통계 자체를 없애는 선택을 하고 있지 않느냐는 의혹이 생긴다는 말이다.

한국고용정보원은 GOMS를 "매년 새롭게 졸업하는 전문대 및 대학 졸업생들의 노동시장 진입 과정 등을 조사하는 대졸자 코호트 조사"라고 소개한다. 진보 성향의 사회학자인 미국 캔자스대학 사회학과 김창환 교수는 블로그에 "한국에서 수집되는 자료 중 (a) 고교 정보, 고등교육 정보, 대졸 직후 초기 노동시장 정보를 풍부하게 가지고 있으면서 (b) 표본수도 크고 (c) 10년 이상 자료가 누적돼 추세를 파악할 수 있는 유일한 데이터"라고 썼다.

매년 졸업하는 대학생들이 어떤 직장에 어떻게 취직하는지, 그것을 매년 조사한 자료가 누적되어 있다. 이명박·박근혜 정권 당시에도 같은 기준으로 수집되어온 귀중한 데이터 세트data set다. 프라이버시 때문에 일반에 공개하지는 않지만 현재 직장과 부서까지 추적한다. 이런 정보를 갖고 있어야, 취업하는 회사에 따른 소득 불평등과 그 장기적 영향을 확인할 수 있다. 올바른 정책 대안도 여기서 비롯한다. "정책적으로 무엇을 해야 20대 후반 대졸 청년층의 노동시장 불평등을 줄일 수 있는지, 그 증거를 가장 명확하게 제공할 수 있는 데이터가 바로 GOMS"라고 김창환은 결론짓고 있다.

훌륭한 자료가 있으니 학자들 역시 좋은 연구 성과를 낸다. 김창환은 진보 성향의 젊은 사회학자인 최성수의 페이스북 게시물을 인용하기도 했다. 이에 따르면 "최근에 출판된 계층, 불평등, 공정성 관련 핫한 사회학 연구들은 GOMS를 많이 활용했다.……고용노동부에서 GOMS 자료 수집을 폐지하려 한다는 이야기를 들었다. 대신 청년 패널을 행정 자료와 붙여서 보완하려는 계획이라는데, 더 구체적 안을 봐야겠지만 상식적으로 GOMS를 대체할 수는 없다.……아직 의견 수렴 절차는 있는 상황인 것 같은데, 부디 재고해주시길 바란다"고 했다.

이 자료가 꾸준히 축적된다면, 문재인 정권이 펼친 청년 고용 정책의 영향도 이명박·박근혜 정권 때와 같은 기준으로 공정하게 평가받을 수밖에 없다. 그래서 자료 수집을 관두고, 다른 연구의 자료를 활용하는 간접적 조사로 방향을 틀어버리는 것인가? 이렇게까지 생각하고 싶지는 않다. 그

렇다고 성적이 마음에 안 들면 성적표를 바꾸려 드는 문재
인 정권의 일관된 경향을 부정할 수도 없지 않은가?

근대 국가의 민주주의는 정보의 민주주의

미국의 통계청과 국세청은 대단히 상세한 통
계 정보를 장기간에 걸쳐 수집한다. 사생활 침해 여지가 없
도록 적당히 처리한 자료를, 약간의 요건만 갖추면 어느 연
구자건 다운로드받고 활용할 수 있도록 제도적으로 완비해
놓았다. 가장 보수적 정치단체뿐만 아니라 토마 피케티나
이매뉴얼 사에즈Emmanuel Saez 같은 진보적 경제학자들 역
시 정부의 통계에 근거해 연구하고 정치적·정책적 방향을
제안한다.

민주국가의 정부가 통계를 두루 수집한 뒤 대중에게 공개
하는 것은 최근의 일이 아니다. 미국이 세계 최강국이 되기
전, 즉 갓 연방국을 구축했을 때부터 미국의 국회도서관은
세계의 모든 책과 정보를 한곳에 모으고 국민에게 공개해왔
다. 카를 마르크스Karl Marx는 『자본론』을 쓸 때 영국 정부의

통계 자료를 적극 활용했다. 근대 국가의 민주주의란 곧 정보의 민주주의다.

애석하게도 문재인 정권은 정반대 방향으로 치닫고 있다. 경제 정책의 실적이 나쁘게 나오자 곧장 통계청장을 갈아치운다. 부동산 정책의 약발이 듣지 않는다는 비판이 제기되자 경제부총리가 직접 나서서 통계의 기준을 바꾸겠다고 한다. 예고 없이 갑자기 GOMS 자료 수집을 중단한다니, 문재인 정권의 청년 고용 정책이 실패한 것을 감추기 위한 것은 아닌지 의심스럽다. 이렇게 통계가 엉망이고 신뢰하기 힘든 나라에서는 마르크스가 살아서 돌아와도 혁명을 하기 어렵지 않을까?

문재인을 정조에 빗대는 것은 타당하지 않다. 정조는 신하의 출신이나 정파, 종교 따위는 고려하지 않았다. 능력을 보고 중용했다. 정확한 숫자를 일목요연하게 파악할 수 있는 올바른 자료를 요구했다. 문재인 정권은 숫자와 논리에 의해 정책을 펴지 않는다. 외려 멀쩡히 잘 작동하는 통계마저도 조사 범위를 축소하거나 폐지하려 든다.

대통령을 왕에 비유하는 것은 옳지 않다고 생각한다. 하지만 이런 식으로 말해야 알아듣는 문재인 정권과 지지자들이니, 비유를 해보자. 성군聖君은 고사하고 암군暗君으로 남지 않으려면 문재인 정권은 통계에 손대는 일을 멈춰야 한다. 『성종실록』을 열어보겠다고 우기던 연산군으로 기록되고 싶지 않다면 말이다.

대통령의 말에 공신력이 사라졌다

대통령의 말을
믿을 수 없는 세상

문재인 정권의 임기가 채 1년도 남지 않았다.
명암이 갈렸다는 말로 기록될 것이다. 우리 사회에 대단히
깊고 심각한 상처를 남겼다는 사실만큼은 분명해 보인다.
문재인 정권 4년을 겪으며, 우리는 '대통령이 하는 말을 곧

이곧대로 믿을 수 없는 세상'에 살게 되었으니 말이다.

이것은 어쩌면 문재인 정권의 출범을 앞둔 시점부터 예견된 사건이었을지 모른다. 2016년 4월 8일 당시 문재인 민주당 대표는 "호남이 저에 대한 지지를 거둔다면 미련 없이 정치 일선에서 물러나고 대선에도 도전하지 않겠다"고 말했다.

2016년 국회의원 선거 결과는 나쁘지 않았지만, 호남 표심만 놓고 보면 사정이 달랐다. 광주와 호남 지역 23석 중 3석만을 얻는 데 그쳤기 때문이다. 하지만 문재인은 약속했던 정계 은퇴를 하지 않았다. 오히려 11월 15일 "광주와 호남에서 우리 당이 지지받기 위한 그런 여러 가지 전략적인 판단으로 했던 발언"이라고 정당화했다.

대통령이 된 후에는 어땠을까? 취임한 지 한 달도 되지 않았던 2017년 5월 30일의 일이다. 국내에 들어와 있는 사드 THAAD(고고도미사일방어체계) 발사대의 개수를 놓고 사달이 벌어졌다. 국방부 보고에 따르면, 사드 발사대는 총 2대였는데 알고 보니 4기가 더 있었다. 그 사실을 뒤늦게 안 문재인은 국방부에 진노했다. 윤영찬 당시 홍보수석비서관의 언론 브리핑에 따르면 그랬다고 한다.

그러나 사드 발사대가 총 6기 들어와 있던 것은 국민 모두가 알고 있던 사실이었다. 문재인 정권이 '밀반입'된 것

마냥 문제 삼았던 사드 발사대 4기는 경북 칠곡 왜관의 캠프 캐럴에 보관되어 있었다. 이는 4월 28일 언론에도 보도된 바 있다.

게다가 사드란 본디 1개 포대가 6기의 발사대를 갖추는 형식으로 이루어져 있다. 국내에 1개 포대가 들어와 있다면 발사대가 총 6기 들어와 있는 것은 너무도 당연한 일이다. 완전히 장전된 리볼버 권총 한 자루가 있다면 총알이 6발 들어 있는 것과 마찬가지다.

이 간단한 사실관계를 청와대가 몰랐을까? 몰라서 그런 논란을 벌였을까? 그렇게 보기는 어렵다. 정치적 이해관계와 상황에 따라 아무렇게니 말하고 둘러대는 문재인 정권의 습속이 드러난 사건이라고 보아야 할 것이다. 그 후로도 계속 같은 패턴이 반복되었기 때문이다.

1,368명이 사망했을까?

문재인 정권의 최대 관심 사업 중 하나인 '탈원전'도 마찬가지다. 문재인은 2017년 6월 19일 경북 월성

고리 1호기 영구 정지 행사에 참석해 "일본 후쿠시마 원전 사고로 2016년 3월 기준으로 총 1,368명이 사망했다"고 말했다. 게다가 "사고 후 방사능 영향으로 인한 사망자나 암 환자 발생 수는 파악조차 불가능한 상황"이라고 덧붙였다.

일단 사실관계부터 명확히 밝혀보자. 후쿠시마 원자력 발전소 사고로 사망한 사람은 총 몇 명일까? 적게는 수백 명, 많게는 수만 명을 떠올리는 이들도 더러 있다. 하지만 실제로는 2명이 사망했다. 방사능 피폭으로 인해 죽은 것도 아니다. 대지진과 쓰나미가 닥쳐왔던 3월 11일 시신으로 발견되었는데, 원전 내 방사성 물질이 유출된 것은 3월 12일 이후의 일이기 때문이다. 사망자마저도 방사능이 아니라 지진과 해일로 인해 목숨을 잃었다는 뜻이다.

그렇다면 1,368명이라는 사망자 숫자는 어디서 나온 것일까? 2016년 3월 6일 『도쿄신문』의 보도를 오역한 것이다. 동일본 대지진으로 인해 후쿠시마 원자력 발전소 사고가 발생하자 일본 정부는 그 주변 주민들을 대피시켰다. 9만 9,000여 피난민은 큰 스트레스를 받았다. 그리하여 건강이 나빠지고 기존 질병이 악화되어 죽은 이가 그 시점에 1,368명이었다.

방사능 영향으로 인한 사망자는 아예 없다. 암 환자 발생

수 역시 집계가 불가능한 수준이다. 암 발생을 유발할 정도로 많은 방사능이 인구 밀집 지역을 향해 유출되는 일이 애초에 벌어지지도 않았기 때문이다. 그렇게 놓고 볼 때 "사고 후 방사능 영향으로 인한 사망자나 암 환자 발생 수는 파악조차 불가능한 상황"이라는 문재인의 발언은 틀린 말이 아니었지만 맞는 이야기도 아니었다. 악의적인 가짜뉴스라는 사실만큼은 분명했다. 일국의 대통령 입에서 나왔다는 점에서 후쿠시마 원자력 발전소 사고에 대한 수많은 '가짜뉴스' 중 단연 최악이었다.

탈원전 정책의 밑거름으로 삼다

일본 정부에서 진지하게 항의한 것은 당연한 일이다. 청와대로서도 끝내 모르쇠로 일관할 수는 없었기에 6월 28일 정정보도를 했다. 청와대 고위관계자는 청와대 춘추관에서 기자들에게 "원전 관련 사망자 수인데, '관련'자가 빠졌다"며 "일본에서도 발표할 때 원전 관련 사망자 수였는데, 저희 연설팀의 착오였다"고 설명했다. 그러나 후쿠시마 원자력 발전소 사고에 대한 부정적 인식을 퍼뜨리고, 방사능 공포를 조장해 국내의 탈원전 정책을 밀어붙인다는 목적은 이미 달성되었다고 보아도 무방할 터였다.

당시는 문재인이 취임한 지 두 달도 채 지나지 않은 시점이었다. 미국이나 일본 등 주변 강대국이 결부되어 있는 사안이기도 했다. 문재인 정권은 출범하자마자 아무렇지도 않다는 듯 잘못된 정보를 유포했다. 이유와 동기를 짐작하는 일은 어렵지 않다. 사드 반대 여론을 부추겨 임기 초 야당의 공세를 무마하고자 했고, 거짓에 기반한 방사능 공포를 들쑤셔 탈원전 정책의 밑거름으로 삼고자 한 것이다.

집권 중반부의 사건들은 생략하고, 최근의 사례로 넘어와보자. 조 바이든Joe Biden 미국 대통령 취임 후 처음 열린 한미정상회담에서도 그러한 패턴은 똑같이 확인된다. 바이든은 정상회담을 앞두고 한국군 55만 장병 전원에게 코로나바이러스 백신을 제공하겠다고 약속했다. 문재인은 한미정상회담에서 한미동맹의 가치를 재확인하며 한반도 비핵화를 위한 노력에 협조하겠다고 했다.

한국군에게 코로나 백신을 제공하고, 한미동맹을 군건히한다. 두 전제를 합치면 나올 수 있는 결론은 단 하나다. 계속 연기되어왔던 한미연합훈련을 올해는 기동훈련까지 포함해 진행하는 것이다. 그런데 미국에 가 있을 때는 미국의 말에 모두 동의하는 것처럼 고개를 끄덕이고 웃으며 정상회담을 마친 문재인은 한국에 돌아오더니 여야 5당 대표를 초청한 자리에서 이렇게 말했다. "코로나19로 대규모 군사훈련이 어렵지 않겠느냐."

화장실 들어갈 때와 나올 때가 다르다는 말이 이렇게 정확하게 어울리는 사례를 찾기도 쉽지 않을 듯하다. 코로나 걱정하지 말고 한미연합훈련 하자는 뜻에서 백신을 제공했는데, 그것을 덥석 받아놓고 안방으로 돌아와서는 다시 '코로나 때문에 군사훈련 어려워'라고 하다니. 미국이 미치고 팔짝 뛸 노릇 아닐까? 문재인에게 미국 측이 대접한 '크랩 케이크crab cake'가 미국 속어로 무슨 뜻이냐를 놓고 인터넷에서 작은 논란이 벌어졌는데, 한국에 돌아와 말을 바꾼 문재인의 모습을 보면 왠지 그 해석이 맞는 것 같기도 하다.

선의의 거짓말과
악의의 거짓말

현실 속에서 정치하는 정치인이 자신의 말을

100퍼센트 지킬 수는 없다. 정치인은 세상 온갖 이슈에 대해 의견을 내놓는 사람이기 때문이다. 또 선거를 앞둔 시점에는 당선되기만 하면 이런저런 것을 해내겠노라는 공약을 해야 한다. 그 모든 공약을 다 지키기란 불가능한 일이다.

게다가 정치인은 때로 '팩트'를 거스르는 발언을 해야 할 수도 있다. 국민에게 희망과 용기를 불어넣기 위해, 그 시점에는 다소 허황될지라도 대범한 제안을 할 필요도 있다. 박정희의 경제개발 5개년 계획이라거나, IMF 체제를 2년 안에 극복하겠다던 김대중의 약속 등이 그런 경우다. '객관적'으로 '팩트'만 놓고 보자면 불가능한 것 같았지만, 그런 '선의의 거짓말'은 국민에게 힘을 불어넣었고 결과적으로는 거짓말이 아닌 게 되었다.

하지만 그간 문재인이 보여준 언어 구사 행태는 그런 '선의의 거짓말'과는 전혀 상관이 없다. 오히려 '악의의 거짓말'에 가깝다고 보아야 할 것이다. 공약뿐만 아니라 극히 민감한 외교 안보 사안까지 청와대와 대통령이 앞장서서 가짜뉴스를 유포하거나 타국 정상과 한 말을 손바닥처럼 뒤집어버리는 등의 행태가 임기 내내 이어지고 있으니 말이다.

"문재인 대표와 대화할 때는 녹음기를 켜놔야 한다." 김종인 전 국민의힘 비상대책위원장의 말이다. 어디 한국인뿐일까? 문재인의 오락가락 화법에 심지어 북한도 진저리를 낼 지경이다. 문재인은 2020년 6월 15일 6·15 남북공동선언 20주년 기념행사에서 남북 협력 의지를 밝혔다. 이에 대해 김여정 북한 노동당 제1부부장이 꺼낸 표현을 보면 분노와 짜증이 동시에 묻어난 것을 느낄 수 있다. 그에 따르면 문재인은 "신의와 약속을 헌신짝처럼 저버린" 사람이다. "판문점선언과 9월 평양공동선언에서 남조선 당국이 이행해야 할 내용을 제대로 실행한 것이 한 조항이라도 있느냐."

문재인이 김정은과의 정상회담에서 무슨 이야기를 했는지는 모르겠다. 아마 한미정상회담처럼, 한국에 와서는 딴소리를 했던 게 아닐까 싶다. 대북 관계에서마저도 '왜 너는 말이 달라지냐, 왜 말을 지키지 않냐'는 비난을 듣고 있다.

이 글은 문재인의 언어 습관을 비판하고자 하는 것이 아니다. 그가 대한민국의 대통령으로서 온 나라와 국민을 대표하는 존재이기 때문에 하는 말이다. 문재인이 대통령에 취임한 이후 대한민국 대통령의 말에는 '공신력'이 사라졌다. 대통령의 말을 누구도 진지하게 듣지 않고 믿지 않게 되었다. 이 위기를 극복하기 위해서는 다음 정권 5년이 아니라 50년, 혹은 그 이상의 시간과 노력이 필요할지도 모르겠다.

가덕도
신공항과
아파트

사람은 무언가를 소유하고
자신의 판단에 따라 시장에서 거래할 때
비로소 온전한 사람이 된다.
소유와 매매가 가능한 아파트 대신
임대주택을 주겠다던 김현미 장관은
혹여 우리를 사람 이하의 존재로
바라보았던 것은 아닌가?

케인스는 그렇게 말하지 않았다

폐광에
왜 돈을 파묻으라고 했을까?

　몇 년 전 일이다. 대학에서 교수로 일하는 중년 남성 몇 분과 식사를 했다. 그때나 지금이나 경제는 늘 어렵다. 경기를 되살리는 방법으로 화제가 넘어갔다. 그러자 교수 중 한 분께서 이렇게 말씀하는 게 아닌가.

"뭐 어려울 게 있겠습니까? 방법이 없는 게 아니라 의지가 없어서 못하는 거죠."

"그럼 방법이 뭘까요?"

나는 궁금한 마음이 들어 물어보았다. 기다렸다는 듯이 답변이 돌아왔다.

"지하철 자동개찰기를 없애버리고 옛날처럼 차장이 손으로 개표해주기만 해도 전국에 지하철역마다 일자리가 몇 개가 생기는데요. 그런 식으로 고용을 창출하면 됩니다."

나는 너무 큰 충격을 받아 할 말을 잃었지만, 그는 자신이 창출한 가상의 일자리가 매우 마음에 들었는지 검표용 가위를 들고 차표에 구멍을 뚫는 손동작을 흉내내며 입으로 '짤각짤각' 소리까지 내고 있었다. 호흡을 가다듬고 내면에서 힘을 끌어내 다시 물었다.

"그건 사실상 일부러 비효율을 증가시키는 것인데요, 그런 식으로 경제의 효율을 떨어뜨리는 게 어떻게 경제성장이 될까요?"

"케인스가 말한 게 바로 이런 거 아닙니까? 사람들에게 쓸데없는 일이라도 시키면서 돈을 주면 그 돈이 사회에 풀리고 돌면서 불황이 해결된다는 말이죠."

사실 그 교수의 전공은 경제학이 아니다. 넓은 의미에서 사회과학과도 무관하다. '조국기 부대'도 '태극기 부대'도 아닌 건전한 상식인이다. 자신의 분야에서 두루 존중받고 높은 평가를 받는 작업물을 여럿 낸 실력자다. 그런 지성인마저도 존 메이너드 케인스John Maynard Keynes의 이름을 외치며 사회의 효율을 떨어뜨리면 경제가 살아나리라는 확고한 믿음을 가진 것이다.

나는 "그건 아닌 것 같은데요"라고 말했다. 그러자 반문이 돌아왔다. "'일반이론'에 그렇게 쓰여 있잖아요. 폐광에 돈을 파묻고 사람들이 캐 가게 하면 불황이 해결된다고. 황당하게 들리겠지만 그것이 케인스 이론이니까요. 기존의 상식을 벗어나는 거죠."

과연 그럴까? 전혀 그렇지 않다. 케인스는 멀쩡히 잘 돌아가는 자동개찰기를 없애고 대신 개찰구마다 직원이 한 사람씩 서서 검표용 가위를 짤깍거리는 것이 불황의 해법이라는 식으로 말한 적이 없다. 이렇듯 케인스를, 더 나아가 현대 자본주의 경제가 돌아가는 방식을 잘못 이해하는 사람이 적지 않다.

쓸모없는 일자리, 오히려 사회적 효율을 떨어뜨리는 일자리를 만들면 실업이 사라지고 결국 경제가 좋아진다는 것은 케인스의 『고용, 이자 및 화폐의 일반이론』에 등장하는 한 대목을 잘못 읽고 하는 소리다. 약간 과장해서 말하자면, 한국의 식자층 사이에서 케인스는 '돈 파묻고 퍼내는 영국 콧수염 아저씨'가 되어 있다. 좀 길지만 문제의 구절을 읽어보자.

"만약 재무성이 낡은 몇 개의 병에 은행권을 채워서 그것을 폐광된 탄갱의 적당한 깊이에 묻고, 그다음에 탄갱을 도시의 쓰레기로 지면까지 채워놓고, 허다한 시련을 잘 이겨낸 자유방임自由放任, laissez faire의 원리에 입각해, 개인 기업에 그 은행권을 다시 파내게 한다면(물론, 이것을 할 수 있는 권리는 은행권이 묻혀 있는 지역의 임차에 대한 입찰에 의해 얻어진다) 더이상 실업이 존재할 필요도 없어지고, 그 반작용의 도움에 의해, 사회의 실질소득이, 또 나아가서는 그 자본적 부 또한, 그것이 현재 존재하는 것보다 훨씬 크게 될 것이다."

이 대목은 너무도 유명하다. 이 글을 읽는 독자들도 직접 읽어보았거나 누군가가 언급하는 것을 한 번은 접했으리라고 생각한다. 그런데 한 가지 의문이 들지 않는가? 사람들에게 그냥 돈을 나누어줄 거라면 허공에 뿌려도 된다. 줄을 세워놓고 나누어주면 질서정연한 현금 살포 정책 역시 가능하다. 왜 하필이면 폐광의 갱도에 돈을 파묻은 후 다시 캐는 헛된 노력을 기울인다는 말인가? 떠올리기만 해도 우스꽝스러운 상황인데, 웃기려고 만든 비유일까? 그렇지 않다. 이유가 있다. 그 맥락을 알아야 한다. 케인스가『고용, 이자 및 화폐의 일반이론』을 펴낸 것은 1936년이다. 이때는 대공황의 한가운데였다. 영국뿐만 아니라 전 세계가 금본위제를 유지하던 때다.

풍자를
진지한 조언으로 받아들이다

케인스가 볼 때 이 공황을 끝내려면 화폐를 더 찍어내야 했다. 그런데 중앙은행은 금본위제 때문에 돈을 더 찍어낼 수 없다는 것이다. 금본위제란, 아주 간단하게 말하자면, 은행에 금괴를 쌓아두고 그것으로 종이에 찍힌 돈의 가치를 보증하는 제도다. 따라서 돈을 찍어내기 위해서는 금을 더 캐야 한다. 한 나라의 통화정책이 금광의 발견과 금괴의 수급에 의해 좌우되는 셈이다.

여기까지 설명하고 나면 이 인용문이 이해될 것이다. 금광을 발견하고 금을 캐낼 때까지 화폐 증발增發을 하지 못해 불황을 겪는 그런 상황은 난센스라고 케인스는 생각했다. 저 유명한 '광산에 묻힌 돈다발'의 비유는 그런 맥락에서 나왔다. 앞서 인용한 문구의 바로 앞에 등장하는 이 대목이 그것을 증명한다.

"또한 금광으로 알려져 있는 땅속에 구멍을 파는 형태는, 그것이 세계의 실질적인 부에 대해서는 전혀 아무런 보탬이 되지 못할 뿐만 아니라 오직 노동의 비효용만을 가져올 뿐인데도 (경기 회복을 위해 동원할 수 있는) 모든 해결책들 중에서도 가장 인기가 있는 것이다."

케인스는 무의미하고 불필요한 삽질을 하면 경제가 살아난다고 말한 게 아니다. 금본위제에 묶여 정부 지출로 수요를 진작시키지 못할 바에야, '차라리' 돈을 땅에 묻었다가 다시 캐내라는 기발한 풍자를 했을 뿐이다. 인용한 문단 바로 뒤에서 케인스가 "물론 가옥이나 또는 이와 비슷한 것을 건조하는 게 더욱 현명한 것이 사실"이라고 말하는 것은 그래서다. 집을 짓고 사회기반시설을 확충하는 등 유익한 사업을 벌여라, 그것이 안 되면 차라리 광산에 돈을 파묻고 도로 캐내라. 물론 그런 미친 짓거리를 진짜 할 리는 없으니 어서 쓸모 있는 건설 사업을 벌이자, 이런 말이다.

우리는 케인스가 만들어낸 거시경제학적 관점을 전 세계인이 대부분 알고 있는 세상 속에 살고 있다. 케인스가 비판한 신고전주의 경제학이 세상을 지배한 1930년대와 달리,

이제는 경기가 조금만 나빠질 것 같으면 세계 각국의 중앙은행이 알아서 금리를 내리고 돈을 푼다. 미국은 허공에서 헬기를 타고 돈을 뿌리자는 농담을 즐겨한 '헬리콥터 벤'이라는 별명이 붙은 벤 버냉키Ben Bernanke를 연방준비제도 의장(2006~2014년)에 앉히기도 했다. 즉, 현재 전 세계인은 어느 정도까지는 케인스주의자다.

그러니 케인스가 '차라리'라는 단서를 붙여서 제안한 것을 진지한 정책 조언으로 받아들여서는 안 된다. 아무것도 안 하는 것보다는 땅에 돈을 파묻은 후 캐내거나 피라미드를 짓는 게 경제에 도움이 될 거라고 케인스가 말했다는 사실 자체는 옳다. 하지만 그 말을 근거로 케인스의 이름을 외치며 대한민국에 진짜로 피라미드를 짓는 것은 미친 짓이다.

불필요한 공공사업을 벌이는 것 또한 마찬가지다. 사회기반시설 중복 투자로 인한 예산 낭비를 케인스는 찬성하지 않았다.『고용, 이자 및 화폐의 일반이론』의 같은 대목에서 분명히 이야기하고 있다시피, "두 개의 피라미드, 사자死者를 위한 두 개의 미사곡은 하나에 비해 두 배의 효과가 있었다. 그러나 런던에서 요크까지의 두 개의 철도는 그렇지 않다".

정부가 헛돈을 쓰면
경제성장에 도움이 된다

문제는 케인스의 저 '돈 파묻고 퍼내기'의 비유가 너무도 강렬하다는 데 있다. 이미지의 힘이 너무 컸다. 기억력 대회에 출전하는 사람들이 괴상하고도 잊을 수 없는 이미지를 떠올리며 암기해야 할 단편적 정보들을 끼워 맞춰서 기억력을 높이는 것과도 유사하다. 당대의 시대적 배경과 전체적 맥락에 대한 이해 없이 '케인스는 돈을 파묻고 퍼내면 경제가 살아난다고 했다'는, 일종의 '경제학적 밈'이 생겨난 셈이다.

미국의 풍자 유머 사이트 '어니언The Onion'이 2008년 11월 13일 공개한 가상의 TV 토론 영상을 살펴보자. '정부는 거대한 돈 구덩이를 폐쇄해야 하는가?Should The Government Stop Dumping Money Into A Giant Hole?'라는 주제로 패널 4명이 열띤 토론을 벌인다. '원하는 사람은 정부의 구덩이가 아니라 자기 집 뒷마당에 돈을 묻을 수 있어야 한다', '가장 효율적으로 돈을 없애는 방법은 파묻는 게 아니라 태우는 것이다', '종이 파쇄기에 넣고 분쇄해서 말에게 먹이로 주어야 한다' 등 온갖 방법으로 돈을 없앨 궁리를 한다. 마지막 논객

이 던지는 멘트는 일품이다. '당신이 미국을 사랑한다면, 미국의 구멍에 돈을 버리세요.'

굴이 회수를 건너면 탱자가 된다고 했던가? 퍽 많은 사람이 '돈 파묻고 퍼내기'의 비유를 진지한 경제학적 조언으로 받아들이고 있다. 이 글을 시작할 때 언급한 어떤 교수만의 문제가 아니다. 정도의 차이는 있을지언정, 내 체감상 거의 모든 식자층, 특히 진보 진영의 식자층은 '정부가 헛돈을 쓰면 경제성장에 도움이 된다'고 믿고 있다.

우리는 이미 알고 있다. 경제란 그런 식으로 돌아가지 않는다. 케인스의 피라미드 농담이 사실이라면, 전국 방방곡곡마다 세워진 수많은 전시성 조형물 덕분에 각 지자체의 경제는 우뚝 일어섰어야 한다. '아무것도 하지 않으니 차라리 피라미드를 짓자'던 케인스가 오늘날 대한민국에 와서 저 온갖 '랜드마크'를 보았다면 박장대소했을 것이다. 물론 찬성하지도 않았을 테고 말이다.

현재는 1930년대와 달리 '아무것도 하지 않는다'를 선택지에 전혀 두지 않는 세상이다. 중앙은행은 필요하다면 적극적으로 금리를 인하하고 통화량을 늘려 경기 후퇴를 막는다. 따라서 케인스의 농담을 순수한 농담으로 받아들여야 한다. 그것은 대한민국의 수많은 지자체가 증명하고 있다.

피라미드를 짓는다고 해서 되살아날 만큼 21세기의 경제는 만만하지 않다.

케인스주의와
페론주의

가덕도 신공항 논란이 다시 불거진 까닭은 문재인 정권의 4·7 재보궐선거 전략 때문이다. 아니라고 말할 사람은 아무도 없을 테다. 화두가 떠오르자마자 부산에 지역구를 둔 야당 의원들은 곧장 찬성 의사를 내놓았다. 여당은 만면에 미소를 감추지 못했다. 애가 타는 당사자는 날로 침체되는 지역 경제로 속을 앓는 부산과 경남 일대 주민들뿐이다. 민주당의 선거용 꼼수로 인해 온 나라가 '공항 장애'에 시달리고 있다.

이미 프랑스의 용역회사를 통해 경제성, 확장성, 기타 입지의 적절성에 대해 판단이 끝난 사안이다. 그럼에도 가덕도에 공항을 건설해야 한다는 사람들은 그 나름의 이유를 제시하고 있다. 김해공항이 위험하다거나, 가덕도가 실은 더 확장성이 좋다거나, 도심을 가로지르는 비행기 때문에 시끄럽다거나 등등. 그때와 달리 지금은 사정이 달라졌을 수도 있다.

여기서는 한 가지 상식만을 강조하고자 한다. 공항은 피라미드가 아니다. 앞서 인용한 케인스의 말을 다시 한번 반복하고 싶다. "두 개의 피라미드, 사자死者를 위한 두 개의 미사곡은 하나에 비해 두 배의 효과가 있었다. 그러나 런던에서 요크까지의 두 개의 철도는 그렇지 않다."

대한민국뿐만 아니라 세상 그 어떤 나라에서도 마찬가지다. 공항 같은 사회기반시설의 중복 투자와 건설은 비합리적이다. 국가 예산을 투입해 민간 수요를 끌어올리는 이른바 재정승수 효과를 노린다면, 차라리 그 효과를 거두는 게 목적이라고 정직하게 밝혀야 한다. 그리고 그에 맞는 최선의 사업을 찾는 단계부터 원점에서 다시 시작해야 한다. 공항이라는 키워드에 묶여 있을 게 아니라 열린 마음으로 합리적 해법을 찾아야 하겠다.

'일단 이 지역에 돈을 쓰기 위해 합리성이나 타당성과 무관한 사업을 벌인다'는 식의 사고방식은 케인스주의가 아니다. 굳이 말하자면 아르헨티나의 페론주의Peronism에 가깝다. 두 경제 사상은 심지어 케인스주의의 옹호자들 사이에서도 곧잘 혼동되지만 분명히 다르다. 전자는 시장이 제 기능을 되찾게 해서 자유로운 경쟁을 통해 국가 전체의 생산성을 향상시키는 데 궁극적 목적이 있다. 반면 후자는 시장이 제 기능을 못하게 하고, 자유로운 경쟁을 가로막으며, 국가 전체의 생산성을 떨어뜨리면서, 오직 지지율과 정권 유지만을 목표로 삼는 것이다.

케인스주의는 대공황과 제2차 세계대전을 겪은 세계 경제를 부흥시켰다. 페론주의는 세계 10위권 경제 대국으로 성장하던 아르헨티나를 단번에 주저앉히고 말았다. 전국 방방곡곡에 세워진 온갖 '랜드마크'를 보면 웃기다 못해 섬뜩해지는 것은 그래서다. 페론주의가 아닌 케인스주의의 관점에서 대한민국 경제를 고민하는 정치를 원한다.

아파트는 빵이 아니다

푸줏간 주인, 양조업자, 빵집 주인의 이기심

"아파트가 빵이라면 제가 밤을 새워서라도 만들겠다." 김현미 국토교통부 장관이 2020년 11월 30일 국회 국토교통위원회 현안질의에 참석해 내놓은 발언이다. 자신은 기발한 비유라고 생각했을지 모르지만 국민 대부분은 황당하다고 느꼈다. 12월 1일 시사평론가 진중권은 페이스북에 그림 형제의 동화『헨젤과 그레텔』에 나오는 과자로 만든 집 삽화를 게시하며 "김현미 장관님이 마련해주신 집이야"라고 썼다. 시민들도 '현미 빵투아네트', '현미가 쌀이라면 당장 바꿀 것' 같은 패러디로 화답했다.

12월 4일 문재인 대통령이 단행한 개각으로 김현미 장관은 자리에서 물러났다. 하지만 떠나는 사람의 말이라고 그냥 웃고 넘기기에는 어딘가 개운치 않다. 김현미 장관이 이 말을 꺼낸 맥락 때문이다. 그는 "2021년과 2022년 아파트 공급 물량이 줄어드는데, 그 이유는 5년 전 아파트 인허가 물량이 대폭 줄었고 공공택지도 상당히 많이 취소되었기 때문"이라며 남 탓을 하다 문제의 '빵 발언'을 내놨다. 주택 가격 상승, 전·월세난 등 지금의 난리통이 박근혜 정부 탓이라는 소리다.

김현미 장관은 불과 얼마 전까지만 해도 아파트 공급은 충분하다고 말했다. 이제 와서 아파트 공급이 부족하다고 은근슬쩍 인정하면서 화살을 박근혜 정권으로 돌렸다. 그러면서 대책으로 "(아파트 대신) 다세대나 빌라 등을 질 좋은 품질로 공급하겠다"고 말했다. 김현미 장관 발언 이튿날인 12월 1일, 한국토지주택공사LH가 공개한 '관광호텔 리모델링 임대주택(안암생활)'은 문재인 정권의 부동산 정책 지향점이 어디인지 잘 보여주는 듯하다.

왜 아파트를 빵에 비유했는지 그의 속내를 모두 알 수는 없다. 자신도 정확한 이유를 대지 못할 가능성이 크다. 하지만 김현미 장관의 발언은 자본주의, 더 나아가 인간 사회의 본질에 대해 성찰해볼 기회를 제공해준다. 공교롭게도 애덤 스미스Adam Smith의 『국부론』에 등장하는 아주 중요한 통찰과 이어져 있기 때문이다.

"우리가 저녁 식사를 기대할 수 있는 것은 푸줏간 주인, 양조업자, 빵집 주인의 자비로운 마음 때문이 아니라, 그들이 스스로의 이익을 고려하고 있기 때문이다. 우리는 그들의 인간적 온정이 아닌 그들의 자기애에 호소하며, 그들에게 우리의 필요가 아니라 그들의 이익을 이야기한다."

누구나 한 번쯤 이 글을 접해보았을 것이다. 애덤 스미스가 인간의 이기심을 찬양했으며, 그것이 시장경제의 본질이라고 주장하려는 사람들이 자주 인용하는 문장이기 때문이다. '이타심보다 이기심이 사회에 더 도움이 된다.' '이타심을 찬양하는 공산주의보다 이기심을 긍정하는 자본주의가 더 우월하다.' 『국부론』은 이런 내용을 담은 자본주의 체제의 홍보물로 간주되기도 한다.

18세기의 스코틀랜드 계몽주의자 애덤 스미스가 19세기의 공산주의에 동조했을 리는 없다. 그러니 '공산주의보다 자본주의가 우월하다'는 해석이 전적으로 틀렸다고 말할 수는 없다. 하지만 옳다고 말하는 것도 다소 부적절하다. 이는 경제학자이기 이전에 철학자였던 애덤 스미스의 사상 체계를 협소하게 해석하는 결과로 이어진다. 앞에 인용한 문장이 나온 맥락을 살필 필요가 있다.

『국부론』은 총 5권으로 이루어진 대작이다. 앞에 인용한 문장은 그중 제1권에 나온다. 제1권은 분업을 주제로 삼는다. 그 내용은 이렇다. '군집 생활을 하는 다른 동물과 달리 인간은 복잡한 방식으로 사회를 구성하고 분업을 한다. 그 결과 오늘날의 문명을 이루게 되었다. 분업의 양태가 정교해지면서 자본주의가 꽃을 피우게 되었다.' 애덤 스미스는 분업이 필연적일 수밖에 없는 까닭을 장 자크 루소Jean Jacques Rousseau의 『사회계약론』을 연상시키는 필치로 설명한다.

"너무도 많은 우위를 제공해주는 노동의 분화는 앞날을 예측하며 전반적인 풍요의 증진을 꾀하고자 하는 인류의 지혜 중 무언가의 영향하에 나온 산물이 아니다. 분업은 얼핏 보기엔 그리 광범위한 효용을 지니고 있지 않은, 인간 본성이 지닌 특정한 속성이, 느리고 점진적인 과정을 통해 발현되어 나온 필연적인 결과물이다. 무언가를 쌓아두고, 맞바꾸고, 거래하고자 하는 경향이 낳은 결과가 분업인 것이다."

분업은 인간 본성의 결과물이다. 어떤 현자가 떠올리고 퍼뜨린 발명품이 아니다. 인간이라면 누구나 물건을 쌓아두고, 남는 것을 남과 맞바꾸고, 시장을 열어 다양한 품목을 거래하고 싶어 한다. 그러다 보니 사회라는 것을 구성했다. 사회의 규모가 커지면서 더욱 촘촘한 분업이 이루어진다. 이내 우리가 익히 아는 국가를 이루게 되었다는 것이다. 인류학과 역사학을 넘나드는 인문학적 통찰이다.

시장은
사람을 사람답게 만든다

인간은 사회적 동물이다. 모여 살고, 각자의 재능과 취향 등에 따라 서로 다른 일을 한다. 시장에서 이루어지는 활동을 위해 화폐를 비롯해 다양한 제도와 기구 등이 탄생한다. 즉, 시장은 단지 돈벌이만 하는 곳이 아니다. 사람을 사람답게 만들어주는 곳이다.

그러므로 『국부론』제1권 2장을 '자유경쟁에 대한 예찬'으로 해석하는 것은 부당하다. 그 대목에서 애덤 스미스는 김씨네 푸줏간과 박씨네 푸줏간의 경쟁에 대해 말하고 있지 않다. 누군가는 농사를 짓고, 다른 이는 도축을 하며, 또 다른 누군가는 술을 담그고 그 옆에서는 하루 종일 반죽을 치대며 화덕에 빵을 굽는 공동체 생활을 논하고 있다. 대체 사회는 왜 존재하는가? 왜 사람들은 각기 다른 직업을 갖고 협력하며 살아가는가? 이 모든 것이 인간 본성의 산물이자 지금 우리가 아는 시장경제의 바탕을 이룬다는 게 애덤 스미스의 생각이다.

애덤 스미스가 전제하고 있는 인간관은 무엇일까? 그는 '스코틀랜드 계몽주의'라는 철학 사조의 일원이었다. 1707년 스코틀랜드가 잉글랜드와 합병했다. 스코틀랜드 지식인과 중산층은 이전과 달리 중앙 정치로 진입하는 게 어려워졌다. 과거에는 에든버러(스코틀랜드)가 중심지였지만 하루아침에 낯선 런던(잉글랜드)에 가야 했기 때문이다. 정계에서 소외된 그들은 클럽에 모여 토론을 이어갔다.

애덤 스미스, 데이비드 흄David Hume, 애덤 퍼거슨Adam Ferguson 같은 사상가뿐만 아니라 증기기관의 아버지 제임스 와트James Watt, 소설가 월터 스콧Walter Scott 등도 스코틀랜드 계몽주의의 일원으로 평가받는다.

이들은 초기 자본주의의 활기를 온몸으로 구현했다. 인간은 운명을 자기 힘으로 개척할 수 있고, 마땅히 그래야 할 도덕적 의무를 지니고 있다는 게 스코틀랜드 계몽주의의 암묵적 전제였다. 그런 정신은 『국부론』의 바탕에도 도저하게 깔려 있다.

걸인도 시장의 구성원이다

푸줏간과 양조장과 빵집 주인, 각자의 이익을 도모하는 시민들의 분업에 대해 이야기한 직후, 애덤 스미스가 다루는 네 번째 직업이 있다. 직업이라는 말이 다소 부적절할 수 있지만, 정답은 '걸인'이다. 타인의 호의에 전적으로 기대 생계를 유지하는 걸인에 대한 논의가 푸줏간, 양조장, 빵집 주인의 뒤를 이어 곧바로 등장한다. 그 내용은 이렇다.

"걸인이 아닌 다음에야 그 누구도 동료 시민의 관대함에 자신의 삶을 주로 의탁하지는 않는다. 심지어 걸인마저도 그의 삶 전체를 동료 시민에게 기대고 있지는 않다. 여유로운 사람들은 걸인이 필요로 하는 모든 것을 줄 수도 있겠으나, 실제로는 걸인이 필요로 하는 것을 원할 때 줄 수도 있고 못 줄 수도 있다. 따라서 걸인은 그의 필요를 다른 이들과 같은 방식으로 충족하지 않을 수 없다."

말이 좀 어렵다. 무슨 뜻일까? 남에게 적선을 받아 생활하는 걸인이라고 해도, 분업을 통해 이루어진 촘촘한 사회적 경제의 그물망 속에서 살아간다는 뜻이다. 가령 어떤 걸인이 어제는 추워서 모포가 필요했지만, 오늘은 날씨가 따뜻해져서 모포를 원치 않는다고 해보자. 관대한 자선단체는 어제와 오늘 모두 걸인에게 모포를 나누어주었다. 이 경우 걸인은 두 장의 모포를 손에 넣는다. 둘 다 쓸 수도 있겠으나, 한 장은 자신이 쓰고 한 장은 보관할 수도 있다. 혹은 다른 이와 맞교환하거나 시장에 팔아 그 돈으로 다른 무언가를 구입할 수도 있다.

여기서 핵심 원리는 두 가지다. 그 누구도 다른 사람을 대신해 그 사람의 경제적 필요와 욕구를 판단할 수 없다. 제아무리 대단한 자선가라 해도 걸인에게 필요한 모든 것을 직접적인 형태로 곧장 제공할 수는 없다. 바로 그렇기 때문에 경제적으로 가장 취약한 위치에 놓인 사람이라고 해도 사회적 존재로서 경제활동을 하지 않을 수 없다.

애덤 스미스가 말하는바 인간의 모든 경제활동은 계약, 물물교환, 거래로 나뉜다. 걸인들 역시 남과 약속을 하고 원하거나 원치 않는 물건을 서로 바꾼다. 구걸을 통해 얻은 돈으로 이것저것 구입하기도 한다. 그 어떤 인간이 모든 판단과 행동을 타인 혹은 국가 등에 의존해 살아간다는 것은 불가능하다.

고로 애덤 스미스의 '빵집 주인' 이야기를 '최선을 다해 경쟁하자'는 식으로 해석하는 것은 옳지 않다. 그의 뜻을 외려 편협하게 만드는 결과를 낳기 때문이다. 곧바로 이어지는 걸인의 경제생활에 대한 대목과 함께 음미할 때 애덤 스미스의 '빵집 주인' 이야기는 비로소 온전한 맥락을 갖춘다. 스스로 돈을 벌지 않고 타인의 적선에 의존해 사는 사람도 여전히 사회의 일원이자 시장경제의 구성원이다. 인간 존재의 바탕으로서 사회가 존재한다. 사회는 어떤 형태의 시장이기도 하다. 매우 근원적인 차원의 논의라고 읽어내야 마땅하다.

인간적
삶의 부정

　대한민국으로 돌아와 보자. 김현미 장관은 아파트는 빵이 아니고, 밤을 새워서라도 더 만들어내고 싶지만 그럴 수가 없으며, 따라서 임대주택을 늘리겠다는 '기적의 논리'를 제시했다. 문재인 정권의 '묻지마 지지자'가 아닌 대부분의 시민은 본능적으로 불쾌함을 느꼈을 것이다. 왜일까? 왜 저런 소리를 들으면 우리는 기분이 나빠지는 걸까?

　자신들이 벌였던 온갖 무책임한 정책에 대해 사과는 고사하고 언급조차 하지 않으며, 지난 정권을 욕하는 뻔뻔한 모습에 화가 날 수도 있다. 국민 정서와 동떨어진 비유를 들이대는 화법에 어딘가 우롱당하는 기분이 들 수도 있을 테다. 베이킹파우더를 쓰지 않고 이스트를 이용해 발효시키는 빵을 만들 경우, 한 걸음 더 나아가 천연 발효종을 만들어서 빵을 굽는 경우, 적잖은 시간과 노력이 필요한데 그것을 무시하는 듯한 인상을 받을지도 모른다.

　그러나 우리는 좀더 본질적인, 경제적인, 혹은 '인문학적인' 이유를 알고 있다. 『국부론』의 한 대목을 꼼꼼히 읽었으니 말이다. 애덤 스미스가 잘 간파했다시피 모든 인간은 사

제8장 • 거대 신공항과 아파트

회적 동물이며 동시에 경제적 동물이다. 우리가 무언가를 생산하고 소유하고 교환하고 거래하는 그 모든 행위는 인간적 본성의 발현이다. 어떤 제품이나 서비스의 생산과 거래 등은 공익적 목적을 위해 제한될 수 있지만, 그런 제약은 최소화되어야 한다. 왜냐하면 우리는 인간이고, 인간에게는 경제적 활동의 자유가 곧 인권이기 때문이다.

이 원리는 주택에서도 마찬가지로 적용된다. 우리 사회에는 주택을 매매의 대상이 아닌 거주의 대상으로만 바라보는 게 옳다고 보는 이들이 적잖다. 불행하게도 문재인 정권의 의사결정권자들 사이에 그런 이들이 대거 포진해 있는 듯하다. 집은 '사는 것(매매 대상)'이 아니라 '사는 곳(주거 장소)'이라는 그럴듯한 캐치프레이즈가 그들의 세계관을 잘 보여준다. 장장 3년 5개월간 국토부 장관을 지낸 김현미, 그 임명권자인 문재인 역시 같은 사고방식을 공유하고 있을 것이다.

애덤 스미스가 볼 때 이런 사고방식은 비인간적이다. 인간이 지니고 있는 가장 중요한 본능, 즉 시장을 형성하고 거래를 하며 사회적 존재로서 살아가고픈 본능을 부정하기 때문이다. 정부에서 시혜적인 손길로 '지어준' 집에 세 들어 사는 게 어떤 사람들에게는 나쁘지 않게 느껴질지도 모른다. 하지만 자신의 능력으로 집을 구입하고 가격의 등락에 따라 매매도 하는 모습이 훨씬 더 '인간적'이다. 이는 나누어주는 음식 외에 아무것도 먹을 수 없는 걸인보다는 식당과 메뉴를 스스로 고를 수 있는 대부분의 사람이 훨씬 인간적인 삶을 살고 있다고 말할 수 있는 것과 마찬가지다.

김현미 장관은 아파트를 나라에서 다 만들어주는 것인 양 이야기하고, 제때 원하는 만큼 공급할 수 없는 이유는 지난 정부 탓이라고 화살을 돌리며, 그 대신 임대주택을 제공하겠다는 식으로 말했다. 그의 발언은 여러 모로 문제적이다. 김현미와 그를 앞세운 문재인 정권은 우리의 인간적 삶에서 중요한 부분을 부정하고 있다.

사람은 무언가를 소유하고 자신의 판단에 따라 시장에서 거래할 때 비로소 온전한 사람이 된다. 소유와 매매가 가능한 아파트 대신 임대주택을 주겠다던 김현미 장관은 혹여 우리를 사람 이하의 존재로 바라보았던 것은 아닌가? 우리가 인간임을 증명하기 위해서는 분노할 수밖에 없다.

제 9 장

원자력과
탈원전

'나무를 심는다'는 행위를
지표로 놓고 본다면 문재인 정권은
국토에 대한 장기적인 안목과 책임 의식을
보여주지 않고 있다.
나무를 심는 정권이냐,
나무를 뽑는 정권이냐,
그 하나의 기준을 놓고 보자면
이러한 부정적 평가를 피할 수 없다.

원자력 반대에서
원자력 찬성으로

1994년 미국 델라웨어강 하류에 있는 원자력 발전소가 긴급 정지했다. 관리 실수로 인한 비상 정지였다. 발전소가 자리 잡은 곳은 행정구역상 뉴저지주. 하지만 델라웨어주가 바로 인접해 있었다.

235

델라웨어주의 젊은 상원의원이 즉각 반발했다. 그는 언론 앞에서 외쳤다. "저는 10년 넘게 세일럼 원자력 발전소에 대한 관리, 감독, 규제를 강화해야 한다고 주장해왔습니다." 원자력관리위원회가 되풀이되는 심각한 안전 문제를 눈감아주고 있다며 강한 비난을 쏟아냈다. 원자력 발전에 대해 확고한 반대 의견을 지닌 그 상원의원의 이름은 조지프 바이든 주니어Joseph Biden Jr.였다.

조지프 바이든, 그러니까 조 바이든은 사반세기가 흐른 후 미국 대통령에 당선되었다. 그 세월 동안 바이든의 큰아들이 세상을 떠났다. 바이든은 자신보다 훨씬 젊고 카리스마 넘치는 흑인 대통령 밑에서 부통령을 역임했다. 머리카락이 하얗게 셌다. 달라진 것은 그것만이 아니었다. 원자력 에너지에 대한 생각도 180도 바뀌었다.

한때 원자력 발전소에 대한 관리, 감독, 규제를 강화해야 한다고 목청을 높였던 그가 지금은 차세대 원자력 기술 개발을 위해 총력을 기울여야 한다고 주장하고 있다. 2020년 대선 공약이기도 했으며, 대통령직 인수위원회 홈페이지에도 기재되어 있는 사실이다.

한국 원자력 발전소 업계는 환영하고 있다. 문재인 정권의 탈원전 정책에 비판적이던 보수 야당도 긍정적 반응을 보이고 있다. 문재인 정권은 특별한 반응이 없다. 탈원전에 우호적이던 진보 언론들은 바이든의 변화를 모른 척하려 드는 것 같은 인상마저 준다.

바이든의 원자력 포용 정책은 단지 한 대통령의 태도 변화가 아니다. 50여 년간 지속되어온 미국 민주당의 원자력 에너지에 대한 반대가 찬성으로 돌아섰다는 것을 뜻한다. 초강대국 미국이 거대한 방향 전환을 시작했다는 뜻이기도 하다. 시곗바늘을 수십 년 전으로 돌려보자.

1972년 텍사스철도위원회Texas Railroad Commission가 중대 발표를 했다. 그전까지 위원회는 미국의 석유 가격을 규제했다. 가격 통제를 포기하고 원유 가격을 오직 시장 논리에 의해 결정하겠다는 게 발표의 골자였다. 이유는 간단했다. 석유 수요가 폭등했기 때문이다. 텍사스산 원유만으로는 미국 내 석유 수요를 충당할 수 없었다. 제2차 세계대전이 끝난 후 경제가 부흥하면서 미국을 비롯한 세계가 석유에 목마른 상태가 되고 말았다.

이는 단순히 값싼 외국산 석유를 수입하면 될 일이 아니었다. 예나 지금이나 석유는 가장 중요한 전략 물자다. 안정적인 석유 공급 라인을 확보하는 것은 국가 안보 문제이기도 하다. 그래서 시장주의의 나라 미국에서도 텍사스철도위원회 같은 조직이 석유의 가격과 공급을 어느 정도 통제했으나 더는 버틸 수 없게 된 것이다.

미국은 중동, 특히 최대 산유국 사우디아라비아 정권 보위에 도움을 주지 않을 수 없게 되었다. 중동 문제에 단단히 얽혀버린 셈이다. 그때만 해도 사암砂巖 암반층에서 셰일가스를 추출할 기술력은 부재했다. 미국은 중동에 코가 꿰일 수밖에 없었다. 지구 반 바퀴 너머에서 벌어지는, 다양한 민족과 종교가 뒤섞인 갈등 구도에 발을 들여놓는 것은 그 자체만으로도 부담스러운 일이었다.

민주당과 공화당을 막론하고 새로운 에너지원을 개발해야 한다는 목소리가 커진 것은 그런 이유 때문이었다. 1972년 7월 11일 발표된 민주당의 새 정강 정책을 보자. 1972년부터 1976년까지의 운영 방향을 제시하는 문서에서, 민주당은 원자력을 새롭고 긍정적인 에너지 유형의 일부로 소개하고 있다.

"지구의 천연자원은 일시적으로는 풍족하고 무한히 공급받을 수 있을 것 같이 보일지라도 당연히 주어진 것으로 여길 수 없다. 미국은 특히 에너지 공급 패턴에서 중요한 도전에 직면해 있으며, 이는 전통적인 정책의 재조정을 필수적인 것으로 만든다. 1980년이 되면 미국은 대서양 동쪽에서 수

입되는 석유에 전체 석유 소비량 중 30~50퍼센트가량을 의존하게 될 것으로 보인다. 동시에 원자력, 태양광, 지열발전 같은 새로운 유형의 에너지의 연구와 보급은 뒤처져 있다."

중동산 석유에 의존해야 하는 상황이 문제이므로 원자력을 더 개발하고 활성화하자는, 상식적이고 합리적인 논의다. 1972년까지는 미국 민주당 역시 원자력에 대해 긍정적 태도였던 것이다. 1973년 오일쇼크를 겪으면서 원자력을 긍정적으로, 혹은 필요악으로 받아들이는 분위기는 한층 더 커졌다.

반핵·반전주의자
지미 카터

1976년 선거에서 승리를 거둔 지미 카터Jimmy Carter가 1977년 대통령에 취임하면서 상황은 급격히 달라진다. 그는 도덕주의로 대중적 인기를 모으며 정치적으로 급부상한 인물이다. 신임 대통령의 반핵反核주의 관점은 미국뿐만 아니라 전 세계의 원자력 연구에 치명타를 입혔다. 당시 한창 연구 중이던 고속증식로에 대한 지원을 중단한 것이다.

현재 우리가 사용하는 대부분의 상업용 원자로는 우라늄-235를 연료로 삼는다. 반면 고속증식로는 자연계에 더 흔하게 존재하는 우라늄-238과 플루토늄을 섞어 연료를 만든다. 우라늄-235의 핵분열로 에너지를 내는 통상적 원자로와 달리, 고속증식로는 플루토늄의 핵분열로 우라늄-238을 플루토늄으로 바꾸고, 그 플루토늄이 핵분열을 하는 연쇄 과정을 거친다. 그 과정에서 플루토늄이 '늘어나기' 때문에 고속 '증식'로라고 불린다.

지미 카터는 그것이 마음에 들지 않았다. 플루토늄은 핵무기의 재료로 쓰일 수 있는데, 그것이 더 늘어난다고? 반핵·반전주의자 카터는 그와 같은 기술 발전의 방향을 용납할 수 없었다. 1979년 발생한 스리마일섬 원자력 발전소 사고는 미국 원자력 산업의 관 뚜껑에 못을 박았다. 새로운 기술을 연구·개발하지도 않고, 기존 기술로 만들어진 발전소를 더 늘리지도 않은 채, 그저 이미 건설된 발전소를 유지·보수하는 데만 만족하는 쪽으로 정책 방향이 선회했다.

앞서 말했듯 1970년대는 오일쇼크가 전 세계 경제를 강타한 시대였다. 원자력에 대한 공포를 이겨내고 더 나은 기술을 개발해 보급할 수 있는 경제적 유인 동기가 충분했다.

하지만 카터와 그의 탄탄한 지지층이던 민주당의 젊은 고학력 베이비부머 세대는 그렇게 생각하지 않았다. 원자력은 곧 핵무기이고, 핵무기는 나쁜 것이므로, 원자력을 당장 없앨 수는 없어도 더 키우지는 말아야 한다는 관념에 사로잡혔다.

그러한 경향은 1990년대까지도 쭉 이어졌다. 1994년 대통령이 된 빌 클린턴Bill Clinton은 미국 최후의 고속증식로 연구를 중단했다. 이 또한 정책적 판단이기 이전에 정치적 결정이었다. 여러 차례 상원의원 재선에 성공하면서 민주당 중진으로 자리 잡은 조 바이든, 훗날 미국 국무장관을 지내는 존 케리John Kerry 등이 원자력에 대한 공격의 선봉에 섰다.

기후변화와 셰일 혁명

여기서 우리는 중요한 질문을 던져볼 필요가 있다. 원자력 기술의 발전을 가로막은 미국 민주당의 행보를 과연 '반핵'과 '평화'라는 도덕적 가치로만 이해할 수 있을까? 얼핏 보면 그럴싸하지만 실상은 좀더 복잡하다.

에너지, 안보, 지정학적 관점에서 생각해보자. 앞서 말했 듯 1970년대 이전까지 미국은 세계 최대 산유국 중 하나였 다. 1970년대 이후에도 중동 정세에 깊숙이 개입하며 안정 적인 석유 공급로를 확보한 나라였다. 미국이 중동의 석유 에 의존하는 것은 미국의 약점이다. 하지만 미국 말고도 세 계 모든 나라가 중동의 석유에 의존하는데, 미국이 중동에 서 압도적 영향력을 발휘하고 있다면, 미국에 그렇게까지 나쁜 일은 아니다.

모든 사람이 마을 한복판에 있는 우물을 마셔야 한다고 해보자. 미국은 원래 자기 집에 있는 우물만 마시면 되었다. 하지만 이제는 그걸로 부족해 물통을 들고 집 밖에 나와야 한다. 다른 사람들과 함께 마을의 우물을 마셔야 한다. 이 상 황 자체는 불편하다. 하지만 반대로 생각해보면, 우물에 대 한 영향력을 유지하는 한, 마을 사람들의 목줄을 쥐고 있을 수도 있다. 우물을 없애고 집집마다 수돗물을 마시기 위해 투자할 필요까지는 없다는 말이다.

패권국가 미국으로서는 석유 시대를 종식시켜야 할 특별 한 동기가 없었다. 반면 고속증식로는 한 번 완성하고 상용 화하면 해당 기술을 보유한 국가의 에너지 문제 대부분을 해결할 수 있는 잠재력을 지니고 있다. 그런데 미국이 극비리에 개발했던 원자폭탄 역시 얼마 지나지 않아 소련에 유출되고 결국 전 세계로 퍼졌다는 점을 감안해볼 때, 고속증식로를 비롯한 차세대 원전 기술 역시 미국이 영원히 독점하리라고 장담할 수는 없었다. '가질 수 없다면 부숴버릴 거야'라는 명대사가 문득 떠오른다. 독점할 수 없는 기술이라면 만들지 않는 것도 하나의 방법인 셈이다.

2010년대로 접어들면서 두 가지 변화가 생겼다. 첫째, 기후변화가 가시화되었다. 정확히 말하자면, 기후변화 대응을 위해 뭐라도 해야 한다는 유권자들의 압력이 늘어났다. 물론 정치인들은 일단 태양광이나 풍력처럼 겉보기에 그럴듯한 '신재생에너지'의 편을 들었지만, 해가 지고 바람이 멈추면 돌아가지 않는 태양광과 풍력은 처음부터 에너지 문제의 대안이 될 수 없다. 탄소 배출을 줄이기 위해서는 결국 원자력을 늘려야만 하는 것이다.

둘째, 셰일 혁명이 시작되었다. 모래가 아주 단단하게 굳은 사암층에 갇힌 원유를 채굴하는 방법이 2008년 조지 미첼George Mitchell이라는 텍사스 석유 사업가에 의해 개발되었다. 셰일가스의 매장량과 채굴 기술에서 미국은 전 세계 최고 수준이다. '셰일가스의 사우디아라비아'라는 농담이 오갈 정도다. 2010년대 이후, 미국은 석유를 위해 중동의

정치에 목을 매달 필요가 없게 되었다. 오히려 영세 셰일가
스 개발업체의 부실 경영과 부채가 국가적 골칫거리였다.

"원자력, 갑시다"

이에 따라 미국 민주당의 정강 정책 역시 근본
적 변화를 겪기 시작했다. 한국 언론에 잘 소개되지 않았으
나, 그 변화는 2010년대부터 가시화되었다. 1994년 빌 클
린턴의 명을 받아 고속증식로 연구에 종지부를 찍었던 존
케리만 해도 그렇다. 그는 2017년 1월 9일 미국 메사추세
츠공과대학MIT을 방문해 45분에 달하는 연설을 했다.

"저는 1970년대부터 원자력에 반대해 논쟁해온 사람입
니다. 원자력에 반대하는 입장이었습니다. 하지만 지금 우
리는 기후변화의 도전에 직면해 있고, 4세대 원자력 기술의
잠재력이 있습니다. 갑시다Go for it. 다른 선택의 여지가 없
습니다. 탄소 배출을 0으로 만듭시다."

이 멋진 연설을 한 존 케리가 누구인가? 버락 오바마Barack
Obama 행정부 시절 이란 핵 협상을 주도한 인물이다. 이란 핵

협상은 핵무기 개발을 중단하는 조건으로 미국이 봉쇄를 풀고 군사적 대립을 완화하는 것이다. 한마디로 '석유 때문에 중동에 매달리지 않는' 21세기 미국의 대전략 중 하나다.

트럼프뿐만 아니라 바이든 역시 적극적으로 4세대 원자력 발전 연구를 위해 투자를 아끼지 않겠다는 태도를 보이고 있는 것은 그래서다. 1970년대와 달리 지금은 미국이 아닌 중국 같은 나라가 먼저 고속증식로와 4세대 원자력 발전소 상용화를 바라볼 수 있을 정도로 기술력이 평준화되었으니, 미국은 기술 유출이 아니라 기술 낙후를 두려워해야 할 상황이기도 하다. 그러니 경쟁에 뛰어들 수밖에 없다.

석탄, 석유 등 화석연료를 버리고 4세대 원자력 발전에 집중하겠노라는 미국의 정책 전환은 그러므로 단순한 에너지 정책이 아니다. 중동뿐만 아니라 전 세계에 직접 군사 개입을 하는 '세계의 경찰' 역할을 줄이고, 원자력으로 값싸고 안정적인 에너지를 공급해 산업 경쟁력을 회복하며, 중국이나 인도 등 경제적 잠재력을 지닌 인구 대국에 탄소 배출 절감을 요구하며 압력을 넣기 위한 다목적 포석으로 보아야 한다. 그야말로 '파워' 게임이다.

월성 1호기의 폐쇄 과정에서 불법적인 압력이 있었는지를 따지는 것은 매우 중요한 일이다. 하지만 그만큼 중요한 일이 있다. 에너지 정책을 국가 안보와 국제 정세의 맥락에서 이해하는 것이다. 에너지 정책은 전기 안 끊기게 하고 전기 요금 깎아주는 차원의 문제가 아니다. 국가 경제의 근간이며 안보의 핵심이다. 초당파적 관점에서 오직 국익만을 바라보며 접근해야 할 사안이다.

빌 클린턴과 존 케리, 조 바이든 등에게는 공통점이 있다. 1969년 우드스톡 록 페스티벌에서 춤추고 마리화나를 피우며 베트남전쟁에 반대하던 바로 그 세대라는 점이다. 그들은 아무런 거리낌 없이 카터의 이상적 도덕주의를 받아들였고 그것을 자신들의 정치적 무기로 삼았다. 하지만 정작 자신들이 국가를 책임지고 운영할 때가 되자, 미국의 국익에 가장 도움이 되는 방향으로 선회했다. 원자력을 더 활용하고 발전시키는 것 말이다.

한국은 왜인지 이제는 철이 들어야 할 사람들이 철들지 않는다. 지금은 3세대 원자력 발전소의 개발과 건설에서 대한민국이 지닌 막강한 경쟁력을 적극 활용해야 할 때다. 그렇게 국부를 쌓으면서 4세대 원자력 발전소를 향한 경쟁에서도 우위를 차지해야 한다. 망국적 탈원전을 멈추고, 그 과정에서 권한 남용이나 비리 등이 있었다면 낱낱이 드러내 바로잡은 후, 미래를 향해 나아가야 할 것이다.

탈원전을 위해 나무를 뽑다

도쿠가와 막부의 산림 관리

조선과 일본의 국력 격차는 언제부터 벌어졌을까? 역사학자마다 해석의 차이가 있지만 임진왜란이 발발할 당시에도 양국 간 격차는 충분히 벌어져 있었다. 병자호란을 겪으며 조선은 국력이 더 기울어진 반면 일본은 에도江戸 막부 시기를 거치며 안정적인 치세를 이루었다. 일본이 조선을 식민 지배한 것은 개항을 빨리 해서일 수도 있지만, 조선이라는 나라의 기초 체력 자체가 취약했던 탓도 있다는 뜻이다.

조선이 몰락한 원인을 정확히 서술하는 것은 역사학자들의 몫이다. 앞으로도 쉽지 않은 일이다. 하지만 동시대의 조선과 비교해볼 때 일본이 지니고 있었던 독특한 성격에 대해 논할 필요가 있다.

전국시대가 끝나고 도쿠가와德川 막부 시대가 열린 후, 일본은 철저하다 못해 집요하게 산림을 관리하기 시작했다. 재러드 다이아몬드Jared Diamond의 『문명의 붕괴』는 그 과정을 이렇게 설명한다. 서로 오랜 전쟁을 벌이고, 임진왜란으로 조선을 침략하고, 평화와 안정을 찾았지만 1657년에는 에도(현재 도쿄)에 엄청난 화재가 발생해 10만여 명이 목숨을 잃고 도시의 절반이 불타버렸다.

나무를 베어내고 또 베어내야만 할 상황이었다. 그런데 이런 식으로 마구잡이 벌목을 하다 보면 산은 민둥산이 되고 흙탕물이 하류로 내려와 농업 생산성을 떨어뜨릴 뿐만 아니라 잦은 홍수로 인해 인명 피해를 불러올 수밖에 없다. 그러므로 도쿠가와 막부는 철저한 숲 관리에 들어갔다.

일단 쇼군將軍은 별도의 관리를 임명해 자신이 직접 관장하던 일본의 산림 중 4분의 1을 통제했다. 또한 그 외의 다이묘大名(높은 신분의 지방 영주)들에게도 마찬가지로 임야를 통제하라고 명령했다. 소규모 군락 등에서는 마을 단위의 공동 관리를 지시했다.

사실 에도 대화재가 발생하기 전부터 에도시대 일본인들은 나무를 심고 숲을 관리하는 것에 상당한 애착을 보였다. 일본의 잡초 생태학자이며 저술가인 이나가키 히데히로稲垣榮洋는 『식물도시 에도의 탄생』에서 그 연원을 다음과 같이 설명한다.

첫째, 전국시대의 무장들은 약초, 독초, 비상식량 조달 등을 이유로 식물에 대해 잘 알아야 할 필요가 있었다. 당시 무사들에게 식물에 대한 지식과 애정은 '교양선택'이 아닌 '전공필수'에 가까웠다. 둘째, 에도시대에는 각 지역 다이묘들이 자식을 에도에 인질 삼아 보내야 했다. 그렇게 각지의 귀족이 모여 있는데 땅은 좁다 보니 정원을 잘 가꾸고 과시하는 문화가 생겨났다. 셋째, 가장 중요한 권력자로서 '트렌드 세터trend setter'라고 할 수 있었던 도쿠가와 이에야스德川家康부터 꽃과 식물을 사랑했다.

일본이 길가에
소나무를 심은 이유

도쿠가와 이에야스는 도요토미豊臣 가문을 멸망시키고 전국 통일을 이루기 전이었던 1604년, 자신의 영향력이 닿는 일본 전역의 가도街道를 정비하면서 그 길가에 소나무를 심었다. 적이 침공한다면 재빨리 나무를 베고 쓰러뜨려 장애물을 만들 수 있기 때문이다. 또한 길가에 심어진 가로수는 여행자와 마차 등이 쉴 수 있는 그늘을 제공해준다. 아직 천하 패권을 놓고 벌인 전쟁이 끝나기도 전에 도쿠가와 막부는 길을 닦으며 나무를 심고 있었던 것이다.

비슷한 시기, 혹은 그 후를 놓고 보더라도 조선의 사정은 꽤 달랐다. 흔히 중앙집권국가로 알려져 있는 조선이지만 숲의 관리에서는 봉건국가인 일본보다 통제력이 부족했다. 강원도에서 나무를 너무 많이 베어낸 탓에 매년 장마철마다 흙탕물이 한강으로 쏟아져 내려오고 홍수가 발생하는 것을 알면서도 정부가 나서서 변변한 해법을 찾아내지 못했다. 1751년 간행된 조선 최초의 인문지리서인 『택리지』를 보면 그러한 상황이 안타깝고도 적나라하게 기술되어 있다.

"강원도 영서지방의 산간지대가 화전민에 의해 자꾸 벌

목되다 보니, 여름철에 많은 비가 내리면 토사가 쓸려 내려가 한강 바닥에 쌓여 한강의 범람 위험성이 커진다."

1910년 경술국치일 이전부터 조선에 대한 정보를 축적하고 식민 통치를 준비하던 일제로서는 이런 상황을 그냥 두고 볼 수 없었다. 도쿠가와 막부 통치가 끝나고 메이지유신(1868년)을 통해 입헌군주제 국가로 탈바꿈했지만, 숲을 철저하게 관리하는 문화와 행정의 연속성은 지속되었기 때문이다. 조선이 일본의 식민지가 된 이상 조선의 산과 숲 역시 일본과 마찬가지로 관리 대상이 될 수밖에 없었다.

역사학자 최병택의 『일제하 조선임야조사사업과 산림 정책』에 따르면, 흔히 상상하는 것처럼 일제가 조선인에게 총칼을 들이대며 숲의 소유권을 빼앗아가는 일은 벌어지지 않았다고 한다. 그 대신 그전까지 공유지로 여겨지거나 소유권이 명확하지 않았던 숲을 국유지 혹은 사유지로 분류하고, 그 각각에 대해 나름의 법적 기반을 마련해 벌목을 금지하고 식목植木 사업을 전개해나갔다. 일제는 대단히 많은 나무를 심었다. 최병택의 기록은 이렇다.

"일제는 조림대부제도와 삼림조합원에 대한 묘목 강매를 통해 1920년대 말에 이르면 한 해에만 모두 3억여 본本에 이르는 나무를 심었다. 자연히 식림 면적도 늘어나 1933년까지 117만 5,602정보(1만 1,659km²)에 이르는 임야에 식재를 완료했다. 식림이 강력히 추진될수록 미입목지未立木地 면적도 줄어들었다."

문제는 그 방식이었다. 최병택의 비판에 따르면, 일제의 식목 사업은 설득과 장기적인 계몽을 통해 협력을 이끌어내기보다는, 불과 몇 년 전만 해도 전근대적 왕조 시대를 살아가던 조선인들에게 갑작스러운 근대적 제도를 제시하고 '금벌禁伐주의'를 앞세워 처벌을 통해 강제하는 쪽에 가까웠다.

그 결과 일제의 식목 사업이 과연 얼마나 효과적이었는지에 대해서는 여전히 역사학자들 사이에 논란이 남아 있다. 여기서 인용하고 있는 최병택처럼 '민족적' 관점에 가까운 이들은 효과가 없었거나 미비했다고 보는 편이다. 반면 소위 '식민지 근대화론자'라는 비난을 듣는 학자들은 일제의 식목 사업이 조선의 산을 푸르게 하는 데 상당한 기여를 했다고 여긴다. 조선총독부도 식목 사업이 투입한 만큼의 성과를 거두고 있지는 못하다고 반성하는 기록이 남아 있는 것에서 알 수 있듯이 '절반의 성공'에 머물렀다고 볼 수 있지 않을까?

일제가 도입한 근대 문물의 효용 그 자체는 조선인들도 잘 알고 있었다. 이중환은 『택리지』를 썼고 지석영은 종두

법을 배워왔으니 말이다. 하지만 식목 사업이나 우두법 보급이 강제적으로 이루어질 때 식민지 조선인들은 그런 지시를 고분고분 따르고만 있지 않았다. 이는 자연스러운 인간 심리의 표출이지만, 일면 안타까우면서 또한 어느 면에서는 분노를 자아내는 역사적 사실이다.

그나마 진행되던 일제의 식목 사업은 태평양전쟁과 6·25전쟁을 거치며 모두 무위로 돌아가고 말았다. 6·25전쟁 당시 남아 있는 기록 사진을 보면 야트막한 산은 대부분 민둥산이다. 나무나 풀을 찾아보기 어려운 흙과 돌 더미였다. 온 국토가 전란에 휩쓸려 있는데다 여전히 주된 연료로 나무 혹은 숯을 사용하고 있었으니 당연한 일이다.

"산이 푸르게 변할 때까지 유럽에 안 가겠다"

상황이 달라진 것은 박정희 집권 이후였다. 강원도 정선에 있는 사북은 전쟁이 터졌다는 사실을 전해 듣지 못할 정도로 외진 곳이었다. 1950년대 말 사북 도사곡에 50여 호, 고한에 80여 호의 가구가 화전민 생활을 하고 있었을 따름이다. 제3공화국이 출범하고 1961년 말 '석탄개발에 의한 임시 조치법'이 제정되고 탄광 개발이 본격화되면서, 사북 등 탄광촌은 갑자기 활기를 띠게 되었다.

강원도 정선의 탄맥을 처음 발견한 것은 박정희가 아니었다. 이미 1926년 발행된 「삼척탄전 조사보고서」에서 그 존재가 확인된 바 있다. 일제가 만들고 광구 개발권을 독점한 삼척개발주식회사는 1944년에 이르면 약 30만여 명에 달하는 광부를 동원해 석탄을 채굴했다. 하지만 8·15해방과 함께 탄광 광구는 해체되었고, 박정희 정권이 들어설 때까지 한국인들은 석탄이 아닌 나무를 주 연료로 사용해왔던 것이다.

탄광 개발과 나무에서 석탄으로 에너지를 전환한 것은 박정희 정권의 산업화를 특징짓는 핵심 사건 중 하나로 기억되어야 한다. 오늘의 논의에서 더 중요한 것은 그 과정에서 해방 이후 멈춰 있던 식목 사업이 다시 본격화되었다는 데 있다.

1964년 서독의 울창한 산림에 큰 충격을 받고 돌아온 박정희는 관계자들에게 "산이 푸르게 변할 때까지 유럽에 안 가겠다"고 선언했다고 한다. 1965년부터 정부 차원의 대대적인 산림녹화 사업이 시작되었고, 그것으로도 미흡하다고 느꼈는지 1973~1982년 '제1차 치산녹화 10개년 계획'이 추진되었다. 6년간(1973~1978년) 29억 4,000만 그루를 심었는데, 4년 일찍 목표를 달성한 대성공이었다. 이렇게 시작된 산림녹화 결과 우리는 2015년 현재 산지 1만 제곱미터당 나무 총량에서 독일이나 스위스보다는 뒤처지지만 미국보다는 앞서는 '푸른 나라'에 살게 되었다.

박정희 시대의 의의와 유산에 대해서는 다양한 방향에서 역사적 논의가 진행 중이다. 사실 지금도 끝나지 않은 '현재사'라고 보는 편이 더 타당할 것이다. 또한 탄광촌 개발로 인한 인근의 환경 파괴, 급격한 석탄 산업의 성장, 1980년대의 석탄 합리화 사업으로 인한 탄광촌의 몰락 등에 대해서도 여러모로 검토가 필요하다. 하지만 박정희가 나무에서 석탄으로 에너지 전환을 이루어내면서, 동시에 산림녹화를 진행해 민둥산이었던 국토를 푸르게 만들었다는 사실 자체를 부정할 수는 없을 것이다.

장기적인 관점에서 실천하지 않는다면 나무를 심고 기르는 것도, 숲이 망가지지 않도록 관리하는 것도 불가능하다. 국민과 지도자에게 10년을 내다보는 안목과 주인 의식이 있어야 산림녹화는 온전한 성공을 거둘 수 있다는 말이다.

나무를 뽑는
정권

문재인 정권이 야심차게 추진 중인 탈원전과 태양광 발전 확대에 대해 우려할 수밖에 없는 이유도 거기에 있다. 2015~2020년 산지 태양광 시설을 설치하기 위해 벌목된 나무는 307만여 그루다. 그중 문재인 정권 출범 이후인 2017년부터 베어진 나무가 81.3퍼센트를 차지한다. 2016년에는 태양광 설비 설치를 이유로 베어낸 나무가 31만여 그루였으나, 2017년에는 67만여 그루, 2018년에는 133만여 그루로 매년 약 2배씩 늘어났다. 보다 못한 산림청에서 제동을 건 덕분에 이 추세는 꺾였다.

나무를 심는 것이 절대적으로 선은 아니다. 때로는 나무를 베어내거나 다른 수종을 바꿔 심어야 할 필요도 있다. 하지만 중금속 성분이 함유된 태양광 패널을 깔기 위해 일부러 나무를 베어내는 것은 사북 탄광을 폐쇄하고 1950년대처럼 나무를 연료로 쓰던 시절로 돌아가는 것과 마찬가지다. 태양광 발전을 기후변화 대응 명분으로 내세운다면 더욱 그렇다.

'나무를 심는다'는 행위를 지표로 놓고 본다면 문재인 정권은 박정희 시대는 고사하고 태평양전쟁 이전인 일본의 조선총독부 시대와 비교해도 미흡하다. 국토에 대한 장기적인 안목과 책임 의식을 보여주지 않고 있다. 나무를 심는 정권이냐, 나무를 뽑는 정권이냐, 그 하나의 기준을 놓고 보자면 이러한 부정적 평가를 피할 수 없다.

더구나 문재인 정권 들어 공직자들은 다른 종류의 나무를 심고 있었다. 한국토지주택공사 사태의 천태만상에서 적나라하게 드러난 것처럼, 더 많은 토지 보상금을 받기 위해 희귀 수종의 나무를 개발 예정지에 빽빽하게 심고 있었던 것이다.

2021년 3월 29일 한국토지주택공사 사태에 대해 내놓은 '부동산 투기 근절 대책'에서 문재인이 덧붙인 말은 고개를 갸웃하게 한다. "사실 개발 예정지나 수용 예정지에 나무나 묘목을 빼곡히 심어 보상금을 늘리는 적폐는 수십 년 전부터 되풀이돼 순박한 농민들도 알 만한 수법이 된 지 오래입니다." 21세기 최악의 '국토 농단'이 벌어졌는데, 대통령 입에서 이런 이야기가 나왔다는 게 믿기지 않아서다.

4월 5일은 식목일이다. 식목일은 1948년 처음 지정된 이후 1960년 '사방砂防의 날'로 변경되었다가 이듬해 곧장 4월 5일로 복귀, 지금껏 그 자리를 지키고 있다. 안타깝게도 공휴일은 아니지만 법정기념일이라는 것만으로도 충분한 가치가 있다. 나무가 아니라 미래를, 더 풍부하고 깨끗한 에너지와 기후변화를 고민하는 날이 되면 좋겠다.

제10장

K-방역과
프라이버시

한국 정부는 의료진의 희생을 쥐어짰고,
국민의 고통 분담을 당연한 것인 양
만끽하면서,
선거에서 톡톡히 재미를 본 후
'덕분에 캠페인'을 벌이며
공공의대 설립에 반대하는
의사들을 적폐로 몰아갔다.

코로나로 죽는 것은 낙타가
바늘구멍을 통과하는 것만큼 어렵다

2020년 3월, 코로나19가 팬데믹으로 번져나
가던 무렵이었다. 인터넷 커뮤니티와 단체대화방(단톡방) 등
에서 어떤 글이 떠돌기 시작했다. '코로나 사태에 따른 각
국의 대응 방식'이라는 제목으로 중국, 일본, 영국, 미국, 이

탈리아, 대만, 북한, 한국의 코로나 대응을 비교한 글이었다. 중국은 "가둬 놓고 조용히 죽게 둔다", 일본은 "남몰래 조용히 죽길 바란다", 미국은 "총으로 세운 나라 총으로 지키려고 총포상으로 몰려가 총과 실탄을 싹쓸이한다", 이탈리아는 "발코니에 모여 박수 치고 노래하며 베토벤의 장엄미사처럼 사死를 찬미한다"던 그 글이다.

대체로 재미있다고, 웃자고 그 글을 여기저기 퍼 날랐지만 나는 웃음이 나지 않았다. 다른 나라에서 코로나로 사람이 죽는 것을 농담거리로 삼는 것 자체가 불편했다. 한국인이 쓴 게 맞는지 의심스럽기도 했다. 대만에 대한 서술이 그랬다. 처음부터 성공적이었던 대만의 방역을 '봉쇄'와 '배급'으로 일축하며 "가택연금 수준의 자가 격리 조치를 내리고 어기면 4,000만 원의 벌금 폭탄을 투척하고, 마스크는 배급제로 해서 양안兩岸(중국과 대만)이 하나의 중국임을 입증한다"고, 그 글은 말하고 있던 것이다.

물론 이것은 검증 불가능한 의혹이다. 누가 썼는지, 무슨 생각을 하면서 썼는지 알 방법은 없다. 하지만 대만의 방역을 보면서 "양안이 하나의 중국임을 입증한다"고 생각하는 한국인이 과연 얼마나 될까? 애초에 양안관계兩岸關係라는 외교 용어를 농담에 동원할 한국인은 흔치 않다. 대부분의 사람에게 전혀 관심사가 아니니 말이다. 코로나 사태를 보며 생판 남의 나라인 대만과 중국의 관계를 떠올린다는 것부터가 퍽 이상한 일 아닌가?

더 큰 문제는 이 글에서 한국의 방역을 칭송하는 방식이었다. 이 대목은 심각하게 문제적일 뿐 아니라 이 글의 주제와 직접 관련이 있다. 길게 인용해보도록 하자.

"8. 한국 : 조용히 죽고 싶어도 체계적인 국가 시스템 때문에 도저히 불가능하다. 코로나를 생화학전으로 규정하고 첨단 진단 키트와 방호복으로 무장한 유능한 어벤저스들이 나타나 순식간에 상황을 반전시킨다. 그들은 CSI(과학수사대)처럼 현장과 동선을 탐문하고, CIA(미국 중앙정보국)처럼 GPS 위치를 추적하고, (서울시청 세금징수과) 38기동대처럼 구매 내역까지 조회해서 조용히 숨어서 죽겠다는 신천지 환자들까지 기어이 찾아내고야 만다. 많이 아픈 자는 음압 병실로 데려가서 정성껏 무료로 치료하고, 조금 아픈 자는 레저 시설 같은 곳으로 보내 돈까지 주면서 쉬게 한다. 그리고 이들의 헌신으로 여전히 국민들은 대부분의 나라에서 박탈된 일상의 자유를 누리고 있다. 따라서 한국에서 코로나로 죽는 것은 낙타가 바늘구멍을 통과하는 것만큼 어렵다."

이 글이 인터넷에서 널리 퍼지게 된 것과 당시 분위기 사이에는 불가분의 관계가 있다. 처음에는 문재인 정권이 방역에 실패했다는 비판론이 나왔지만, 미국·유럽을 비롯한 '선진국'에서 코로나가 산불처럼 번지기 시작하자 사람들의 반응이 일순 달라졌다. '한국이 선방하고 있다'는 인식을 넘어, 소위 'K-방역'에 대한 자화자찬이 시작되었다. 우리도 몰랐던 한국인의 어떤 대단한 면모 덕분에 우리는 코로나 위기를 무사히 넘기고 있다는 것이었다.

그러한 분위기 속에서 4·15 총선이 치러졌다. 조국 사태로 국민 여론이 대단히 나빠졌던 시점에서 진행된 선거였다. 코로나도 처음에는 여당의 악재로 여겨졌다. 하지만 결과를 놓고 보면 문재인 정권에 코로나는 일본에 상륙한 몽골·조선의 군대를 쓸어버린 신풍神風(가미카제)과도 같은 존재였다. 정권 심판론을 'K-방역' 예찬론이 덮어버렸다. 세월호 유가족을 겨냥한 너무도 상스러운 막말 등 야당이 자초한 문제와 맞물려, 4·15 총선은 180석을 얻은 범여권의 압승으로 귀결되었다.

즉, 코로나와 방역 문제는 처음부터 정치와 분리해서 논할 수 없는 것이었다. 하지만 4·15 총선을 앞둔 시점에는 그러한 비판을 가한다는 것이 '방역을 정치로 방해하는' 행위로 여겨지기 십상이었다. 이제는 백신이 나왔고, 국내에도 백신 접종이 30퍼센트를 넘어서고 있으니, 복기를 해볼 때가 되었다. 'K-방역'에 대한 다양한 해석, 특히 예찬론은 무엇을 말하고 있었으며 또 무엇을 놓치고 있었을까?

세계는 K-방역에 열광하지 않았다

앞서 인용한, 출처를 알 수 없지만 인터넷에서 유행한 글이 많은 것을 말해주고 있다. 'K-방역'의 구성 요소는 두 가지였다. 첫째, 의료진의 헌신. 둘째, 카드 사용 내역을 비롯한 개인 정보를 아무렇지 않게 들여다보는 국가. 좀 더 정확히 말하자면, 국가가 국민의 정보를 들여다보는 것에 대해 아무런 문제 제기를 하지 않는 국민 혹은 시민사회.

요컨대 2020년 봄과 여름 한국인들의 '국뽕'을 충족시켜 준 'K-방역'은 공격적인 '검사-추적test and trace'과 같은 말이었다. 그것이 코로나 바이러스의 초기 확산을 막는 데 효과가 있는 것은 분명하다. 하지만 한국, 일본, 중국, 베트남 등 동아시아 국가를 제외하면 그런 방법을 택한 나라는 그리 많지 않다. 인권, 특히 프라이버시에 대한 민감도가 달랐기 때문이다.

그러나 2020년 3월 무렵 국내 언론은 이 점을 그리 중점적으로 보도하지 않았다. 그 대신 '해외 석학들도 한국의 방역에 경탄' 같은 식의 보도를 쏟아내기 일쑤였다. "유발 하라리·폴 크루그먼 등 세계적 석학 '한국 배워라'" 같은 제목의 기사를 매일같이 접하지 않을 수 없던 시절이었다.

문제는 외신 혹은 외국 석학의 논평과 국내 언론의 보도가 어느 정도, 혹은 상당한 왜곡을 포함하고 있었다는 것이다. 방금 제목을 인용한 기사에는 유발 하라리Yuval Harari가 2020년 3월 20일 『파이낸셜타임스』에 기고한 「코로나 바이러스 이후의 세계the world after coronavirus」라는 칼럼이 소개되었다. 한국 언론은 내용을 이렇게 전했다.

"반면 투명한 정보 공개와 시민들의 협조로 감염 확산을 저지한 성공적인 사례로는 한국을 들었다. 하라리 교수는 '한국은 일부 접촉자 추적 시스템을 이용하긴 했지만, 광범위한 검사와 투명한 보고, 정보를 잘 습득한 대중의 자발적인 협조에 의존했다'고 지적했다."

이것은 왜곡 보도라고 할 수 있다. 유발 하라리가 쓴 원문을 읽어보면 그와 같은 성공 사례로 한국뿐만 아니라 대만과 싱가포르가 동시에 언급되고 있다. 한국 언론은 유발 하라리가 말한 코로나 대응의 성공 사례에서 대만과 싱가포르를 고의로 누락했다. 『사피엔스』의 저자인 유발 하라리가 대한민국을 향해 '따봉'을 날리며 기립 박수를 치는 것 같은 이미지를 독자에게 전달해 조회수를 긁어내고 있었다고 볼 수 있다. 소위 '국뽕 장사'를 하고 있던 셈이다.

반면 한국의 방역 관행에 열렬한 박수를 보내지 않는, 혹은 그런 식으로 포장할 수 없는 외신은 소개되지 않았다. 가령 2020년 3월 5일 발행된 『이코노미스트』는 한국을 비롯한 동아시아권의 '검사-추적'에 대해 다음과 같은 의문을 제기했다. 물론 이와 같은 비판을 한국 언론은 실시간으로 전하지 않았다.

"한국의 권력은 시민의 사생활에 아주 작은 비중을 둔다. 한국의 대응 중 일부는 다른 민주국가에 적용되기 어려울 것이다South Korea has powers that put very little weight on its citizens' privacy; some aspects of its response might be hard to mount in other democracies."

서구의 방역 당국도 동아시아 국가들처럼 사생활 침해를 감수하면서까지 검사-추적을 할 수 있기를 원했을 것이다. 하지만 이미 지역사회 감염이 만연한 상태에서 검사-추적에 많은 자원을 투입하는 것은 무의미하다. 또 프라이버시를 중시하는 자국민들의 여론을 무시할 수도 없다. 결국 각국은 자신들에게 맞는 최적의 방안을 택했을 뿐이다. 세계는 'K-방역'에 열광하지 않았다.

K-방역 예찬론에
취해 놓친 것

2020년 12월 16일 여론조사기관 갤럽이 공개한 '코로나19와 백신 관련 인식-Gallup International 다국가 비교 조사(4차)'는 우리가 'K-방역'에 대한 자화자찬에 취해 놓쳐버린 것이 무엇인지를 잘 보여준다.

2020년 10월부터 12월까지 47개국 성인 총 4만 4,796명을 대상으로 전화·온라인·면접 조사한 결과에 따르면, 한국인 중 80퍼센트는 '방역을 위해서라면 내 개인적 권리 일부를 기꺼이 희생할 수 있다'는 질문에 대해 '예'라고 응답했다. 이는 조사 대상인 47개국 가운데 11위로, 47개국 평균인 70퍼센트를 훌쩍 웃도는 수치다.

이 질문에 대해 한국보다 순위가 높은 나라는 베트남(96퍼센트), 조지아(90퍼센트), 코트디부아르(88퍼센트), 이라크(87

퍼센트) 등이다. 소위 '서구 선진국' 중에는 오직 독일만이 80퍼센트의 긍정 응답으로 한국보다 한 순위 앞서 있을 뿐이다.

표 한 장을 두고 너무 많은 해석을 해서는 안 될 것이다. 가령 갤럽의 해당 여론조사는 '방역을 위한 개인적 권리 희생'에 가장 부정적인 나라가 일본이라는 결과를 내놓고 있는데(긍정 31퍼센트, 부정 47퍼센트), 내용에 대해 다각도로 검토가 요구되는 부분이기도 하다.

하지만 일본의 다소 의아한 결과를 제외하고 나면 어떤 '경향성'이 보이는 것은 분명한 사실이다. 특히 베트남이 그렇다. '방역을 위한 국가간 여행 제한'의 수용에서도 베트남이 긍정 99퍼센트로 1위를 기록하고 있다는 점은 많은 것을 시사한다. 개인의 자유에 대한 인식과 소위 '철통 방역' 간에는, 분명하지는 않더라도 느슨한 '음의 상관관계'가 존재하고 있다고 말할 수 있다.

뉴질랜드, 대만 등 코로나 방역을 매우 잘한 나라들이 모두 개인의 자유를 억압했기에 그런 성과를 거두었다는 식의 주장을 하려는 게 아니다. 코로나가 전 세계로 퍼지기 시작한 지 1년도 더 지난 지금, 이제는 좀더 침착하게 이 질병과 그것의 통제에 대해 공정한 논의를 할 필요가 있다는 것이다.

코로나 확진자 수를 놓고 국가별 우열을 가리고 선진국이니 후진국이니 손가락질하는 것 자체가 '후진국'적인 사고방식이다. 한국의 확진자와 사망자 숫자가 적은 것을 오직 'K-방역'의 덕으로만 볼 수는 없다. 우리가 프라이버시를 무시한 탓이라고만 할 것도 아니다. 여러 가지 이유가 복합적으로 작용하고 있는 것으로 보인다. 코로나 바이러스 자체가 한국인과 같은 동아시아인에게 덜 퍼지거나 덜 치명적일 가능성도 있다.

영국에서 2020년 11월 현재까지 수집한 통계에 따르면 흑인 남성은 백인 남성에 비해 4배 높은 사망률을 보인다. 흑인이 상대적으로 가난하고 사회적 열위劣位에 있기 때문이라고 할 수도 있겠으나, 상대적으로 소득수준이 나은 인도계 이민자들 역시 백인 남자에 비하면 코로나 사망률이 2배 높았다. 코로나의 확산과 치명성이 인종에 따라 달리 작동한다고 확언할 수는 없지만, 무관하다고 단언할 수도 없는 셈이다.

방역의 정치화와
착한 국민

나는 소위 '밤 도깨비' 같은 체질이다. 해가 진 다음에 글을 쓰는 게 편하다. 글이 잘 안 써지면 종종 밤 산책을 한다. 밤 9시 이후 영업 제한으로 인해 텅 빈 거리를 걷다 보면 깜짝 놀라기도 한다. 아무도 없는 길에서도 굳이 마스크를 쓰고 있는 사람을 참 많이 보기 때문이다.

우리는 야외에서 마스크를 쓸 필요가 없다. 질병관리청의 공식 발표에 따르면 그렇다. 다른 사람과 2미터 이상 거리를 두면 된다. 길거리에서 흡연자를 피하듯이 피하면 코로나도 피할 수 있는 것이다. 단, "다중이 모이는 집회·시위장, 500인 이상 모임·행사 등 행정명령 대상 장소에서는 마스크 착용이 의무"다. 그렇지만 밤 산책을 하는 내가 마주치는 사람 10명 중 9명은 마스크를 쓰고 있다. 참으로 '착한' 국민들이다.

문제는 국민은 착한데 국가가 나쁘다는 데 있다. 마스크를 쓰라면 쓸 필요가 없는데도 쓰고, QR코드를 찍으라면 단 한 사람도 거부하지 않고 찍는 국민들이다. 그런데 국가는 자영업자들을 대상으로 확실한 강제성 있는 조치를 취하지 않고 오직 '권고'만을 남발한다. 왜일까? 강제력을 지니는 영업 제한을 하면 공식적으로 손실 보상을 해야 하기 때문이다. 그러니 '명령'하는 대신 '권고'한다. 손해를 보겠지만 그 손해는 너희가 알아서 감당하라는 것이다.

게다가 일부 지자체는 선거를 앞두고 1인당 10만 원씩 현금 살포를 또 하겠다고 했다. 코로나 국면에서 장사가 안 돼 문자 그대로 생사의 기로에 놓인 사람들이 있고, 일부에서는 돈이 남아돌아 부동산과 주식 시장을 활활 불태우고 있는데, 그런 차이는 아랑곳하지 않는다. 소상공인과 자영업자가 죽어나가건 말건 대기업 정규직과 공무원들에게도 1인당 10만 원씩 용돈을 뿌리겠다는 이 나라에 과연 정의는 있는가?

2020년 봄 정부는 중국발發 외국인의 입국을 막지 않았다. 진작부터 단호하게 대응한 대만, 뉴질랜드, 호주 등은 확진자가 매우 적었다. 똑같이 반도체 호황을 맞고 있지만 대한민국의 GDP(국내총생산)는 적자인 반면 대만은 3분기 기준으로 흑자를 기록했다. 대만은 내수까지 살아났기 때문이다. 진정한 '방역 성공'은 그런 것이다. 소상공인과 자영업자들에게 길고 고통스러운 시절을 강요하는, 명절에 5명이 모이면 이웃에게 신고 당할까봐 걱정해야 하는 우리는, '방역 성공'을 입에 담을 자격이 없다.

한국 정부는 의료진의 희생을 쥐어짰고, 국민의 고통 분담을 당연한 것인 양 만끽하면서, 선거에서 톡톡히 재미를 본 후 '덕분에 캠페인'을 벌이며 공공의대 설립에 반대하는 의사들을 적폐로 몰아갔다. '방역의 정치화'를 가장 심하게 했고 지금도 하고 있는 것은 다름 아닌 문재인 정권이다. 코로나 확산 1년, 이제는 차분하게 잘잘못을 따지고 책임을 물을 때가 되었다.

의례준칙에서
가정의례에 관한 법률까지

매년 언론에서 두 번씩 꼭 다루는 소재가 있
다. 홍동백서, 조율이시 등으로 대표되는 소위 '전통 차례
상'에 근거가 있다거나 없다거나, 그저 소박하게 마음으로
조상님께 정성을 보이면 충분하다거나, 뭐 그런 이야기 말

274

이다.

2021년 설 명절은 다소 예외적이었다. 5인 이상 집합 금지가 내려졌고 언론도 정부 정책 방향에 부응하기 위해 해묵은 '차례상에 전통은 있는가'라는 주제를 꺼내들지 않았다. 하지만 상반기부터 백신 접종이 시작되었고 하반기에 마무리된다면 추석에는 익숙한 레퍼토리를 또 듣게 되지 않을까 싶다.

2017년 1월 27일, '설은 남녀노소 모두 노는 날…차례상엔 떡국이면 충분'이라는 제목의 『연합뉴스』 기사를 되짚어보자. 이제는 친숙하다 못해 식상해진 내용이다. 기사에 따르면 전문가들은 "차례상은 원래 간소하게 차린다"고 입을 모았다고 한다. 성균관 박광영 의례부장은 "홍동백서니 조율이시니 하는 규칙은 『주자가례』 같은 예서禮書에 나오는 게 아니고, 약 40년 전부터 내려오는 민간 관습"이라고 설명했다. 홍동백서는 『주자가례』에 있는 것이 아니므로 우리의 전통이 아니라는 것이다.

거기서 한 걸음 더 나아가는 이야기도 어렵지 않게 접할 수 있다. 맛 칼럼니스트 황교익은 차례상 기준에 대해 이렇게 말했다. "결정적으로 박정희 정부가 유교 이데올로기를 심으려고 '가정의례준칙'을 발표해 제사 상차림 기준을 정했다." "원래 유교 예법에는 뭘 놔라, 뭘 놓지 말라 하는 게 없다. 떡국 하나만 놓아도 충분하다."

두 가지 논의를 합치면 이런 이야기가 된다. 첫째, 홍동백 서나 조율이시 등은 『주자가례』에 적혀 있지 않은, 말하자 면 '근본 없는' 상차림이다. 둘째, 그러한 의식이 전통의 자 리를 차지하게 된 배경에는 어떤 외부 요인이 있다. 셋째, '근본 없는 상차림'이 전통 행세를 하게 된 원흉은 박정희의 '가정의례준칙'이다.

역사를 보면 그런 주장에 근거가 없는 것 같지는 않다. 1934년 11월 11일, 조선총독부가 '의례준칙'을 발표해 관 혼상제와 관련된 조선의 다양한 세시풍속에 기준을 제시했 다. 이후 1955년 '의례규범', 1961년 '표준의례'를 지나, 1968년 12월 7일 박정희 정권에 의해 '가정의례준칙'이 공 표되고 이듬해인 1969년부터 시행되었다.

가정의례준칙을 비롯해 그때까지 발표된 준칙은 법적 강 제력을 지니지 않는 권고조항이었다. 박정희는 한 걸음 더 나아갔다. 1973년 3월, 가정의례준칙을 '가정의례에 관한 법률'로 바꿔 강제성 있는 규범으로 끌어올렸던 것이다. 이 렇듯 민간 가정의례를 법령으로 제도화해 권고를 넘어 강제 한 것은 세계적으로 유례를 찾아보기 어려운 일이다.

'의례준칙'은 일제에 의해 처음 도입되었다. 박정희는 그것을 아예 법으로 못 박았다. 이렇게만 써놓고 보면 만주군 장교 출신 박정희가 우리 고유의 전통과 미풍양속을 깡그리 깔아뭉개고, 그 자리에 홍동백서니 조율이시니 하는 것들을 갖다 놓은 것만 같다. 앞서 인용한 기사처럼 그런 것은 "약 40년 전부터 내려오는 민간 관습"일 뿐 '진정한 전통'은 아니지 않을까?

1920년대
식민지 조선인들도 알았다

홍동백서는 '우리의 전통'이 맞다. 적어도 40년 보다는 오래되었다. '네이버 뉴스 라이브러리'를 통해 옛날 신문을 뒤져보면 알 수 있는 내용이다. 홍동백서로 대표되는 양식화한 상차림은 1920년까지 거슬러 올라가 확인할 수 있다. 1920년 6월 26일 『조선일보』에 실린 「조선 유림에게 고함 2」라는 글을 읽어보자.

"今之儒者(금지유자)가 口(구)로눈 禮樂射御書數(예악사어서수)라 能言(능언)하지만은 其實(기실)은 能通(능통)한 者

(자) 一有(일유)타 言(언)하기 不能(불능)이니 禮(예)의 糧粕即喪服(양박즉상복)의 前三後四(전삼후사)와 祭需(제수)의 紅東白西等(홍동백서등)이나 主張(주장)하야 知禮者(지례자)로 自爲(자위)하는 普通儒者(보통유자)를 多見(다견)하얏지만은……"

이는 '요즘 주나라 예법에 정통하다고 말하는 유생이 많지만 실은 능통한 사람이 한 명 있다 하기도 어렵고, 상복을 어찌 입어야 하는지 제수를 차릴 때 홍동백서가 어쩌니 저쩌니 말하며 자신이 예를 잘 안다고 하는 평범한 유생들을 많이 보았지만……' 정도로 해석할 수 있다.

이를 통해 1920년대 식민지 조선인들에게 홍동백서라는 개념은 그리 낯선 것이 아니었다는 것을 알 수 있다. 일제가 강제한 국적 불명의 풍속 같은 것도 아니다. 홍동백서는 유교의 예법에 대해 대단한 지식과 식견을 가지고 있지 않은 '보통 유자儒者'들도 입에 담으며 거들먹거리는 흔한 지식이었다. 대중에게 널리 퍼져 있는 세시풍속의 한 양식, 즉 전통이었던 것이다.

올해가 2021년이니 홍동백서의 전통은 문헌으로 확인되는 것만 보아도 무려 100년이 넘는다. 박정희가 가정의례준칙을 제정하기 전이었던 1961년의 신문 기사에서도 홍동백서의 존재를 확인할 수 있다. 1961년 2월 16일『조선일보』「만물상」의 한 대목이다.

"祭床(제상)의 陳說法(진설법)은 까다롭고 또 이른바 '家家禮(가가례)'라, 집집마다 禮法(예법)이 다를 수 있지마는 大體(대체)로 基本法則(기본법칙)은 '紅東白西(홍동백서)'요 '棗東栗西(조동율서)'다."

박정희가 가정의례준칙을 발표한 해는 1968년이다. 그러니 박정희가 홍동백서라는 허구의 전통을 날조해 공권력을 이용해 민간에 강요한 것처럼 말하는 것은 옳지 않다. 홍동백서는 일제시대와 박정희 정권 이전에도 한반도에 있었고 그 후로도 사라지지 않았다.

1969년 4월 12일『동아일보』, 1977년 12월 2일『경향신문』을 보면 집집마다 지내는 기제사나 차례가 아닌 마을 공동의 거릿제(마을을 지켜주는 토속신에게 무사 안녕을 기원하기 위한 제사) 등에서도 홍동백서에 따라 상을 차린다는 기록이 나온다. 한반도에 거주하는 수많은 사람이 영적 존재와 소통하는 유교적 혹은 무속적 상차림을 할 때 홍동백서에 따랐다. 홍동백서를 전통이 아니라고 해야 할 이유가 있을까?

도시의 삶과
전통의 위축

가정의례준칙은 한국의 산업화와 밀접한 관련이 있다. 오늘날은 명절과 제사가 가장 큰 사회적 논쟁거리로 남아 있지만, 1960년대 무렵만 해도 '조국 근대화'의 가장 큰 걸림돌은 긴 장례식이었다. 부모가 세상을 떠났을 때 자신의 효심과 재력을 과시하기 위해 5일장과 7일장을 하는 일이 드물지 않았던 시절이다.

농경 사회라면 장례가 길어진다 해도 큰 문제가 없다. 다들 비슷한 곳에 살면서 농사를 지으니 탄력적으로 업무와 장례를 조율해나갈 수 있기 때문이다. 하지만 박정희가 추구하는 근대화된 공업 국가는 그런 식으로 돌아갈 수 없었다. 박정희의 대한민국에서는 누구나 정해진 날짜만, 최대한 짧게 장례를 치르고 돌아와 공장과 사무실에서 일해야 했다. 박정희는 그리하여 '준칙'을 배포했지만 모두가 순순히 말을 듣지는 않자 아예 법을 만들어버렸다.

강경한 '조국 근대화'의 흐름은 1980년대가 되면서 한풀 사그라졌다. 그 이유는 크게 두 가지로 볼 수 있다. 첫째, 집권의 정당성이 부족했기도 하거니와, 전두환 자신이 박정희처럼 '조국 근대화'에 집착하지 않았다. 전두환은 1984년 가정의례준칙 규제를 줄이도록 지시했다.

하지만 전두환이 직접 나서지 않았더라도 적어도 도시를 기준으로 할 때는 3일장이 정착되어가는 분위기였다. 긴 시간을 들여 많은 손님을 받고, 임권택 감독의 영화 제목처럼 '축제'를 벌이는 식의 장례를 치를 만한 환경 자체가 역사의 유물로 사라져가고 있었다. 1987년 『동아일보』에 실린 이 기사는 급변하고 있던 당시의 풍속도를 희극적으로 보여준다.

"아파트에 살고 있는 나로서는 가끔 코미디에서나 나오는 것 같은 현실을 목격한다. 며칠 밤새 시끄러운 것이야 공동 생활하는 곳이기 때문에 이해하지만, 아파트의 이삿짐을 운반하기 위해 사용되는 곤돌라가 수선을 피우며 관을 올리고 내리는 데 사용될 때마다 남의 초상집이지만 송구스럽기 짝이 없다."

이제 한국인은 집에서 죽기 어려워졌다. 병원에서 죽고 장례식장으로 간다. 이렇듯 '죽음'과 관련된 의식을 가정이 아닌 병원 같은 공적 공간에서 처리하게 된 것은 한국에서만 벌어진 일이 아니다. 프랑스 역사학자 필리프 아리에스 Philippe Ariès가 『죽음 앞의 인간』에서 잘 묘사했듯이, 모든 국가와 문화권은 근대화 과정에서 죽음의 공간과 삶의 공간을 분리한다. 또 친족의 죽음을 처리하는 의식을 가족 외의 누군가에게 '아웃소싱'한다. 즉, 한국인이 흙으로 담을 쌓은 초가집과 기와집을 버리고 아파트로 대표되는 도시의 삶을 택하면서, 관혼상제를 비롯한 온갖 '전통'은 위축될 수밖에 없는 운명이었다.

만들어진 전통과 시월드

박정희는 독재자였다. 그 사실을 부정할 수는 없다. 박정희의 철권통치와 강요가 없었더라면 관혼상제의 문화적 변화가 이렇게까지 빨리 벌어질 수는 없었을지도 모른다. 변화의 토대에는 경제성장과 도시화가 있다. 여기에도 박정희의 영향은 지대했다. 결국 박정희가 원인이라고 이야기할 수도 있다.

하지만 박정희가 '진짜 전통'을 파괴하고 그 자리에 '홍동백서 같은 근본 없는 가짜 전통'을 집어넣었다는 식의 서술은 옳지 않다. 박정희는 가정의례준칙을 제정하는 과정에서 민속학자, 국어학자, 역사학자 등 국학자國學者들에게 폭넓게 자문을 했다.

자문 위원 중 가장 대표적인 인물이 바로 일제시대에 조선어학회 사건으로 옥고를 치르기도 했던 국어학자 일석 이희승이다. 그는 가정의례준칙 제정에 참여했을 뿐 아니라 적극적으로 그 취지를 국민들에게 설득하기도 했다. '이희승 전집' 9권에 수록되어 있으며, 1969년 3월 9일 『주간중앙』을 통해 발표된 「가정의례준칙」이라는 기고문에서 이희승은 이렇게 말했다.

"이러한 의미에서 이번에 정부로부터 가정의례준칙이라는 것을 제정하여 일반에 공포하였으니, 종래의 관습으로 볼 때에, 좀 소홀하다고 느껴질 점도 없지 않을 것이나, 이는 여러 위원들이 우리 사회의 현실이나 장래를 고려·전망하면서, 고래의 예절을 가능한 한 존중한 것이니, 누구나 비판보다 앞서 실천하여 보면, 그 제정의 동기와 진의를 알 수 있게 될 것이다."

가정의례준칙을 국가에서 배포하고 심지어 법으로 강제한 것은 여러모로 이례적인 일이다. 하지만 이례적이라는 게 꼭 '비정상적'이라는 뜻은 아니다. 가정의례준칙의 제정과 배포와 시행 과정을 둘러싼 논란은 구한말 이후 한반도의 거주민이 시달려야 했던 숱한 역사적 부침, 광복과 한일

수교 이후 겪었던 급격한 근대화의 부산물이었다. 그렇게 우리는 '조선인'이 아닌 '한국인'이 되었고, 지금도 되어가고 있는 중이다.

그렇다고 홍동백서와 가정의례준칙을 옹호하는 것은 아니다. 산술적으로 모든 집안이 양반 가문일 리는 없다. 그럼에도 집집마다 차례와 제사를 지내는, 특히 여성에게 억압적인 이 전통을 오늘에 맞게 개선해나가자는 것이다. 그러자면 일단 감정적인 반응을 잠시 접어두고 그 양면적인 속성을 이해할 필요가 있다. 홍동백서나 조율이시 같은 상차림 규칙을 박정희가 온 국민에게 가르친 것은 맞다. 그렇게보자면 오늘날의 차례와 제사 문화는 '만들어진 전통'이다.

이 시점에서 문재인 정권을 비판하지 않을 수 없다. 문재인 정권은 출범 초기 페미니스트 정권을 표방했다. 그렇다면 일찍부터 각계각층의 국민을 불러 모아 올바른 차례와 제사 문화에 대한 의견을 수렴하고 공론장을 열 필요가 있었다. 다수의 여성이 가장 많은 스트레스를 받는 대목이 바로 명절이니 말이다.

논의가 제때 제대로 이루어졌다고 가정해보자. 그랬더라면, 코로나19라는 전 지구적 위기는 오히려 차례와 제사라는 가정의례를 근본적으로 재검토하고 쇄신할 수 있는 역사적 계기가 되었을 것이다. 이는 박정희를 뛰어넘어 '가정의 례준칙'의 큰 기조를 수정했다는 점에서 문재인의 업적으로 역사에 기록되었을지도 모른다.

현실은 그렇게 흘러가지 않았다. '페미니스트 대통령' 문재인은 1960년대의 가정의례준칙과 관련해 아무것도 하지 않았다. 그리고 코로나19가 닥쳐왔다. 코로나19 사망자와 유족들은 제대로 된 작별과 애도의 기회도 얻지 못하고 있다. 결혼식장은 줄폐업을 하고 하객들은 마스크를 썼다 벗었다 하느라 바쁘다. 그럼에도 차례와 제사는 남아, 이번 설에도 며느리들은 '시월드'에서 어떻게 행동해야 하나 고민하고 갈등했다. 위기를 극복하고 한 단계 도약할 기회를 덧없이 놓친 셈이다. 우리의 삶을 근본적으로, 함께 고민할 수 있는, 좋은 정치가 절실하다.

제11장

박정희와
진보정당

동력은 분명하다.
국민 모두 잘살고 싶었기 때문이다.
그 열망을 헛되이 하지 않고,
'우리도 한번 잘살아보세'라고 외치며
방향을 제시하는 리더십이 있었기 때문이다.
국민들은 스스로 자신과
자녀들의 더 나은 미래를 개척하는
'우리'로 호명되었고,
보수 정치의 든든한 버팀목이 되었다.

박
정
희
와

진
보

박
정
희

5·16에는 밥도 있었지만,
시도 있었다

노동운동가 주대환은 "나는 4·19의 시詩만 읽은 게 아니라 5·16의 밥도 먹고 자랐다"고 즐겨 말한다. 이승만의 농지개혁과 박정희의 산업화를 인정한다는 뜻이다. 이런 현실 인식에 터를 잡고 『주대환의 시민을 위한 한국 현대사』를 펴낸 후 그는 진보 진영에서 손가락질을 받았다. 다른 각도에서 보자면 주대환은 따돌림과 배척을 무릅쓰고 한국 현대사의 어떤 진실을 말했다.

하지만 저 표현은 불완전하다. 주대환의 잘못은 아니다. 5·16과 박정희에 대한, 혹은 박정희가 한반도의 역사에 불러온 변화에 대한 그릇된 통념이 고스란히 반영되어 있을 뿐이다. 4·19에는 시가 있었고, 밥은 없었다. 하지만 5·16에는 밥만 있었던 게 아니다.

오해를 피하기 위해 미리 한 가지 지적해두자. 아직 한국 사회는 위선적이다. '시'와 '밥'을 대조해 논하면, 시가 더 고결하고 밥은 세속적이며 천박하다는 식으로 받아들인다. 그렇지 않다. 대부분 시보다는 밥이 중요하다. 시가 밥보다 도덕적인 것도 아니고, 그렇다고 밥을 먹기 위해 모든 시를 억압해도 되는 것 또한 아니다.

5·16에는 밥도 있었지만, 시도 있었다. 군사정변, 권력을 잡고 강화하기 위해 벌인 헌정 질서 문란 행위, 민주화 운동에 대한 탄압 등이 정당했다는 뜻은 아니다. 5·16은 가치 중립적인 의미에서 정신사적 사건이기도 했다는 말이다. 그 의미를 새기고, 배울 것은 배우되 반성할 것은 반성해야 보수 진영, 더 나아가 진보 진영과 대한민국에 미래가 있다.

1962년 어느 날, 음악평론가 이상만이 방송작가 한운사를 찾아왔다. 5·16 1주년 기념행사가 열리는데 많은 사람이 함께 부를 수 있는 노랫말을 지어달라는 것이었다. 이상만을 통해 작사가를 물색한 이는 김종필 당시 공화당 총재였다. 훗날 자서전에서 한운사는 "지금 국민은 당신들을 지켜보고 있다. 한번 외쳐볼라나. 우리도 한번 잘살아보자고. 조상 대대로 물려받은 가난의 보따리를 팽개치자고. '잘살아보세'라는 제목이 떠올랐다"고 술회했다. 그렇게 한운사는 김희조 당시 경희대학교 음대 교수가 만든 가락에 가사를, 즉 시를 붙였다.

'잘살아보세 / 잘살아보세 / 우리도 한번 / 잘살아보세.' 설령 그 시절을 살지 않았더라도 한국인이라면 누구나 안다. 5·16 1주년 기념행사에서 초연되었으니 그야말로 '5·16의 시'다. 과연 우리는 이 노랫말을(시를) 제대로 알고 있을까?

'잘살아보세.' 말 그대로, 잘살아보자는 이야기다. 저 대목만 놓고 보자면 그리 특별할 게 없다. 하지만 박정희 시대에 대한 편견을 버리고 마음을 열면 감동을 준다. 진보적 관점에서 한국의 대중문화를 살피는 대중문화평론가 이영미는 『동백아가씨는 어디로 갔을까』에서 이렇게 말하고 있다.

"〈잘살아보세〉의 핵심적 구절 '우리도 한번 잘살아보세' 하는 대목은 묘하게 가슴을 울린다. 이 구절에서 징글징글하게 가난하고 고통스러운 현실에 대한 솔직한 인정과 이를 벗어나고 싶은 절실함이 함께 확인되기 때문일 것이다."

그것이 이유의 전부는 아니다. 저 가사의 마법은 '잘살아보세'에 있지 않다. '우리도 한번'이 핵심이다. '우리'가 함께 잘살아보자는 말은, 그냥 '내가 잘살면 좋겠다'는 것과는 다른 차원에 있다. 잘 먹고 잘살고 싶은 욕망이라면 늘 있어왔다. IMF 외환위기 직후인 2000년대 초, 인기 절정의 배우가 등장했던 신용카드 광고 문구를 떠올려보자. "여러분, 부자 되세요!"

하지만 '부자 되세요'는 '잘살아보세'만큼의 감동을 주지 못한다. '우리도 한번'이 없기 때문이다. 5·16의 〈잘살아보세〉 노랫말에는 '우리'가 있다. 이승만 정권의 부자들이 그랬듯, 대대로 물려받은 전답이나 미군정에서 불하받은 적산가옥이나 미군 원조를 독식하는 식으로, 혼자만 잘살자는 것이 아니었다. 성실한 노력과 노동을 통해 함께 잘살자는 목소리였다. 새 시대를 각자도생이 아닌 우리의 힘으로 일궈보자는 긍정적이고 역동적인 에너지가 분출하고 있었다.

박정희는 보수인가, 진보인가?

그러한 경향성은 4·19와 5·16을 전후해 등장한 대중문화 작품 속에서 고루 발견된다. 이영미에 따르면 당시 인기를 끌던 TV 드라마이자 영화로도 제작된 〈신입사원 미스터리〉(1961년)와 〈억세게 재수 좋은 사나이〉(1961년)는 공히 "근대적 기술의 힘을 지닌 개혁적이고 실천적이며 성실한 청년이 낡고 비윤리적인 기득권 세력과의 싸움에서 이긴다는 대립 구도"를 지녔다.

신상옥 감독의 1963년 영화 〈쌀〉도 마찬가지다. 물이 부족해서 쌀농사를 짓지 못하는 마을이 있다. 마을 사람들은 배고픔에 허덕인다. 지주이자 정치인인 송 의원은 젊고 개혁적인 차용이 마을 사람들을 이끌어 저수지 공사를 하는 것을 방해한다. 결국 '합리적'으로 말이 통하는 군사정권이 들어서고 차용의 뜻은 이루어진다.

이에 대한 이영미의 평가가 흥미롭다. "어느 면으로 보아도 이 작품은 정권 홍보의 의도로 만들어졌다는 사실이 너무도 명료한 영화다. 그런데 한 가지 주목할 것은 노골적인 정권 홍보의 영화지만 나름의 감동이 있다는 점이다."

그렇다. 중학생 시절, 한국 고전 명작 영화를 TV에서 방영할 때 〈쌀〉을 처음 본 나 또한 같은 감동을 느꼈다. 자연환경의 제약을 넘어, 고루한 인습과 기득권의 틀을 깨뜨리고, 모든 사람을 위한 개혁을 달성해내는 서사 구조에 힘이 있었기 때문이다.

1960년대의 대중은 바로 그런 것을 원했다. 하지만 당시 지식인들은 그 무렵의 시대정신을 애써 모른 척해왔다. 그 대신 현실의 부조리함을 알면서도 어찌할 수 없는 자신의 한계에 진저리를 내고, 그러면서 술이나 마시고 신세 한탄을 하고 푸념하고, 최인훈의 『광장』의 주인공처럼 중립국을 외치다 죽거나 김수영 시의 한 구절처럼 "작은 것에만 분노"하는 자아상을 탐닉해왔다. '4·19의 시'란 그런 것이었다.

정작 그 시대를 살았던 대부분 사람의 생각은 달랐다. 전근대적인 잔재를 일소하고 근대적인 합리성을 장착해 가난을 극복하고 잘살아보자는 에너지가 사회 전반에 넘치고 있었다. 박정희와 육사 8기로 대변되는 제3공화국 세력은 그와 같은 대중적 분위기를 자신들의 것으로 삼았고, 놀라운 경제 발전의 첫 시동을 걸었다.

여기서 우리는 근본적인 질문을 던져볼 필요가 있다. 5·16은 한반도 역사상 가장 풍요로운 오늘의 시발점이 되었다. 그 이면에는 밥뿐만 아니라 시도 있다. 어쩌면 밥 그 자체보다, 합리적이고 계획적이며 목적을 달성하기 위해 최선을 다하는 실용적이고 성실한 인물상을 그려낸 시의 출현이 더 중요한 사건이었을지도 모른다. 그렇다면 적어도 1960년대에 한정해서 이야기해볼 때, 박정희는 보수인가 아니면 진보인가?

박정희 시대는 박정희 혼자만의 것이 아니었다. 박정희가 대통령이 되도록 만든 에너지가 있었고, 박정희가 대통령으로서 만들어낸 결과가 있었다. 양자를 완벽히 나누기란 쉽지 않고 사실상 불가능할 테지만, 구분을 포기해야 할 정도는 아니다. 그리고 그 구분은 유의미하며, 꼭 필요하다. 한국 보수 진영이 몰락한 이유가 바로 거기에 있어서다.

잘살고 있는 사람들만 잘사는 나라

이승만 시대, 1950년대는 '사바사바'하지 않으면 취직할 수 없고, 취직해도 '빽'이 없으면 버틸 수 없는, 비합리와 전근대의 시대였다. 당대인들은 그렇게 느꼈다.

그 시절을 배경에 둔 수많은 문학, 영화, 드라마 등에서 확인되는 바가 그러하다. 박정희는 억눌린 젊은이들에게, 적어도 이전에 비해서는 합리적이고 근대적인 삶을 살 수 있으리라는 꿈과 희망을 주었다. 그리하여 5·16 이후 선거라는 형식을 통해 집권의 정당성을 확보할 수 있었다.

지식인들을 위한 4·19의 시가 아닌 대중을 위한 5·16의 시는 더욱 널리 퍼졌고, 애창되었고, 시대정신이 되었다. 경제는 고도성장을 시작했고 온갖 진통을 겪으면서도 한국인은 더 나은 내일을 향해 달려가며 늦게 자고 일찍 일어났다.

성공을 만들어내기 위해 동원된 방식이 전적으로 공정하지만은 않았다. 김우중의 대우그룹이 대표적 사례일 것이다. 김우중 회장부터 모든 임직원이 상상하기 어려우리만큼 열심히 일한 것은 사실이다. 하지만 대우의 급성장은 김우중이 박정희와 맺고 있던 돈독한 인연이 없다면 성립할 수 없었다. 국민 모두가 잘살아보겠다는 열망을 품었고, 실제로 거의 대부분이 절대 빈곤에서 탈출하는 데는 성공했지만, 가장 크고 달콤한 과실은 결국 권력과의 거리에 따라 분배되었다.

오늘날 보수 정치는 박정희 시대가 만들어낸 재벌 그룹과 불가분의 관계를 맺고 있다. 실제로는 아닐 수도 있지만, 적어도 국민은 모두 그렇게 생각한다. 바로 그 점이 보수 정치가 최근 5년간 선거에서 4차례 연이어 패배한 이유일 테다 (2016년 국회의원 선거, 2017년 대통령 선거, 2018년 지방선거, 2020년 국회의원 선거). 박정희가 권력을 잡던 시절, 그의 정치는 국민들이 잘살고 싶은 열망을 반영하는 것이었다. 반면 지금은 국민들이 잘사는 나라가 아닌, 이미 잘살고 있는 사람들만 잘사는 나라를 위하는 것처럼 보인다.

1960년대의 국민들이 박정희를 지지한 까닭은 누구라도 재벌이 될 수 있는, 실낱같지만 불가능하지는 않은 기회를 나누어주었기 때문이다. 현재 보수 정치는 과연 국민들에게 그런 꿈을 꾸게 하는가? 어느 각도에서 보더라도 긍정적인 답을 기대하기 어렵다. 보수 정치인과 언론이 "이렇게 복지 퍼주기만 하다가는 나라가 베네수엘라 꼴이 된다"고 외쳐도 국민들이 듣지 않는 이유는 명확하다. 국민들이 '빨갱이'가 되어서가 아니다. 보수 정치가 '우리도 한번 잘살아보세' 정신을 내팽개친 채, '우리가 남이가'라고 외치는 기득권 패거리로 전락했기 때문이다.

남 탓을 하기 전에 자기 자신을 돌아보아야 한다. 국민은 현재 보수 정치를 건강한 시장경제의 수호자로 여기지 않는다. 구멍가게에서 시작해 재벌 그룹까지 도달할 수 있는 공정한 게임의 규칙 따위는 더는 이 땅에 존재하지 않는다고 여긴다. '흙수저'는 '흙수저'에서 벗어날 수가 없는데, 복지 예산 좀 축내는 게 뭐가 대수인가?

보수정당은
왜 '늙은 기득권 정당'이 되었는가?

조국 전 장관이 한 유명한 말을 떠올려보자. "우리들 '개천에서 용 났다'류의 일화를 좋아하지만 모두가 용이 될 수 없으며 그럴 필요도 없다. 더 중요한 것은 용이 되어 구름 위로 날아오르지 않아도, 개천에서 붕어·개구리·가재로 살아도 행복한 세상을 만드는 것." 소위 '진보' 진영 일각에서는 경제적 역동성과 그로 인한 사회계층 변화의 가능성을 포기하고, 그 대신 각자 자리에서 안분지족하는 것을 대안으로 제시하는 듯한 모습이다.

많은 사람이 저 트위터 발언의 후안무치함을 지적했지만, 2020년 4·15 총선 결과가 보여주었다시피 그렇다고 국민이 민주당 대신 미래통합당을 택하는 일은 없었다. 미래통합당 구성원들이 갖고 있는 사고방식 역시, 대놓고 말을 안

하고 있다 뿐이지, 조국과 다를 바 없다는 인식이 국민들의 마음속에 있다고 보아야 하지 않을까?

주지하다시피 민주당은 민주노총이라는 노동계의 기득권과 한편에 서 있다. 하지만 미래통합당은 그 민주노총 조합원들이 다니는 대기업의 임원과 재벌 총수 등의 이익을 대변한다. 평범한 국민의 입장에서 생각해보자. 현실을 놓고 볼 때, 나 혹은 내 자식이 민주노총에 들어갈 가능성이 아예 없지는 않지만, 대기업 임원이나 재벌 총수가 되는 것은 불가능하다. 그렇다면 유권자로서는 누구를 지지하는 게 더 합리적인 선택일까?

누구나 자신의 손으로 더 나은 내일을 개척하고자 하는 강한 열망이 있다. 그리고 그것을 가능하다면 자녀에게 물려주고 싶어 한다. 개천에서 붕어·개구리·가재로 살아가는 게 더 낫다고 말하는 조국조차 딸에게 더 나은 미래를 선사하기 위해 매우 의심스러운 방법으로 의학전문대학원에 입학시키지 않았던가?

그러한 욕망은 모두가 갖고 있다. 그 점을 인정하고, 공정한 게임의 규칙을 제공할 때 사회는 건전해진다. 자유시장 경제 이론의 아버지 애덤 스미스는 '보이지 않는 손'의 신비한 힘을 역설했다. 대한민국의 경제적 성공이야말로 가장 확실한 증거다. 6·25전쟁 직후 어떤 영국 언론인은 한국에서 민주주의를 기대하는 것은 쓰레기통에서 장미꽃이 피는 것과 같다고 조롱했지만, 우리는 기어이 꽃을 피워내고 말았으니 말이다.

동력은 분명하다. 국민 모두 잘살고 싶었기 때문이다. 그 열망을 헛되이 하지 않고, '우리도 한번 잘살아보세'라고 외치며 방향을 제시하는 리더십이 있었기 때문이다. 국민들은 스스로 자신과 자녀들의 더 나은 미래를 개척하는 '우리'로 호명되었고, 보수 정치의 든든한 버팀목이 되었다.

문제는 보수가 성공에 도취한 나머지 자신의 근본을 잃어버렸다는 데 있다. 박정희가 처음 집권할 당시 그들은 보수가 아니었다. 혁신적인 젊은 피였고, 이전에 비해 공정하고 활기찬 시장경제를 선사하겠다고 국민에게 약속했으며, 그 약속을 지켜냈다. 상대적으로 보자면 오히려 진보에 가까웠다. 영국에서 유학하고 온 인류학 박사 윤보선과 달리 박정희는 논두렁에 앉아 농민들과 막걸리를 마셨고 온 나라에 새로운 정신을 불어넣었다.

오늘날의 보수 정치는 시바스 리갈을 마시던 박정희에게 훨씬 더 가까워져 있다. 오직 그런 모습만 떠오를 뿐이다. 국민들로서는 박정희 시대의 추억에 강하게 사로잡혀 있거나,

지역적 연고가 강하거나, 박정희 체제의 직접적인 수혜자가 아닌 다음에야 보수정당을 찍을 이유가 없다. '여당 프리미엄'마저 이제는 민주당이 누린다. '이기는 편 우리 편'이라며 중도층이 찍어주는 정당은 국민의힘이 아니라 민주당이라는 말이다.

언필칭 청년 진보 논객으로 불려온 내가 노년층이 지지하는 보수정당을 향해 고언을 하는 이유는 단 하나다. 지금 한국에는 올바른 시장경제와 합리적인 법치주의를 목표로 삼는 정당이 필요하다. 많은 국민은 국민의힘 혹은 넓은 보수 진영을 그저 '늙은 기득권 정당'으로만 바라본다. 그런 인식이 전적으로 틀렸다고 할 수도 없다. 그럼에도 보수 정치는 자신의 핏속에 진보의 DNA가 섞여 있음을 잊지 말았으면 한다. 그 유전자를 깨울 때, 젊은이들의 지지도 얻을 수 있을 것이다.

국민은 돈이 아니라 꿈을 보고 투표한다. 모든 이가 자신의 역량을 발휘하며 공정한 경쟁을 할 수 있는 사회의 청사진을 제시하는 것만으로도 언제든지 표심은 돌아올 수 있다. 양주잔을 내려놓고 막걸리를 마셔야 할 때다.

진보정당이 허경영에게 패배한 이유

진보 진영의 몰락

여당의 패배, 야당의 압승. 4·7 재보궐선거에 대한 일반적인 평가다. 물론 맞는 말이다. 원인이 뭐가 되었건 여당이 압도적인 표 차이로 서울과 부산이라는 두 도시의 '지방 권력'을 빼앗겼으니 말이다. 하지만 4·7 재보궐선거의 의의는 거기서 그치지 않는다. 진보 정치의 몰락을 여실히 보여주고 있기 때문이다. 대한민국 진보 정치는 무너졌다. 아주 확실히, 과연 부활할 수 있을지 의심스러울 정도로 폭삭 망해버리고 말았다.

서울시장 선거 결과를 보자. 1위 오세훈 국민의힘 후보는 279만 8,788표로 57.50퍼센트 득표, 2위 박영선 민주당 후보는 190만 7,336표로 39.18퍼센트 득표, 3위는 허경영 국가혁명당 후보로 5만 2,107표(1.07퍼센트)를 득표했다. 원내 제2야당, 즉 세 번째로 큰 정당인 정의당은 후보를 내지 않았다.

그렇다 해도 국회의원을 보유한 원내정당인 기본소득당조차 2만 3,628표라는 초라한 성적을 거두었다. 허경영에게 2배 이상의 표 차이로 뒤졌다. 범汎진보 계열에서는 오히려 기호 11번을 달고 나온 김진아 여성의당 후보가 3만 3,421표로 4위를 기록했다.

허경영을 우습게 볼 수는 없다. 허경영은 흔히 알려진 것보다 훨씬 탄탄한 조직표를 지닌 후보였다. 2020년 치러진 국회의원 선거 결과를 놓고 보면 그렇다. 선거를 앞두고 그의 자금 출처와 과거 문제 등이 제기되어 기존의 지지율을 크게 잃고 국회 입성에 실패했지만, 비례대표 득표율 0.7퍼센트를 기록했다. 4·7 재보궐선거에서 1.07퍼센트를 얻었다고 해서 크게 놀랄 일은 아닌 것이다. 문제는 그 어떤 진보정당도 허경영을 이길 만한 득표를 하지 못했다는 데 있다.

시곗바늘을 2018년 지방선거로 돌려보자. 당시 서울시장 선거와 비교해보면 현재 상황의 심각성을 절감할 수 있다. 당시 1위는 현직 시장이던 박원순 후보, 2위는 김문수 자유한국당 후보, 3위는 안철수 국민의당 후보가 차지했다. 4위는 놀랍게도 최연소 후보 신지예를 앞세운 녹색당이었다. 신지예 후보는 8만 2,874표를 얻어 1.67퍼센트의 득표율을 기록했다. 정의당의 김종민 후보는 8만 1,664표(1.64퍼센트)를 득표해 녹색당에 간발의 차로 뒤지며 5위로 밀려났다. 6위 김진숙 후보의 민중당 역시 2만 2,134표(0.44퍼센트)를 얻었다. 진보정당끼리 서로 경쟁을 하며 도합 18만여 표를 얻었다.

2018년 녹색당, 정의당, 민중당을 합쳐 진보 진영은 총 3.75퍼센트의 득표율을 기록했다. 2021년에는 여성의당, 기본소득당, 무소속(신지예), 진보당, 미래당의 득표를 모두 합해도 1.91퍼센트에 불과하다. 진보정당과 후보의 숫자는 크게 늘었지만, 유권자의 지지는 대략 반토막이 났다.

원론적으로 보면 4·7 재보궐 선거는 진보정당에 불리한 선거가 아니었다. 서울과 부산 모두 성폭력과 성추행 등을 이유로 재보궐선거를 치렀다. 진보정당이 페미니즘을 비롯한 도덕적·윤리적 주제를 앞세워 활약할 여지는 그만큼 넓었다. 경제 등 그 밖의 측면에서도 마찬가지다. 부동산 등 정책 실패가 도드라지는 상황에서 여당에 대한 심판 성격으로 치러지는 선거였다. 진보정당이 유권자에게 야당으로 인식되고 있었다면, 정부와 민주당에 대한 실망과 이탈표의 혜택을 누려야 한다. 적어도 2018년 지방선거에 비해 득표율이 낮아지는 일이 벌어지지는 말았어야 한다.

요컨대 허경영이 3위를 기록한 것은 허경영의 승리가 아니다. 진보 진영 전반의 몰락이다. 여당인 민주당이 혹독한 심판을 당했다면, 그 밖의 진보정당은 아예 대중의 뇌리에서 지워졌다. 흔히 '악플보다 무서운 게 무플'이라고 하지 않던가? 2021년 현재, 한국의 진보 정치는 바로 그런 수렁에 빠져 있다.

현실 감각의
부재

한국의 진보 진영은 어째서 허경영보다 못한
처지가 되었을까? 그 이유는 크게 세 가지다. 첫째, 현실 감
각의 부재. 둘째, 핵심 의제의 부재. 셋째, 권력 의지의 부재.
선거 공보물을 펼쳐놓고 쭉 읽어보면 4·7 재보궐선거는 가
히 '기본소득 선거'라고 해도 과언이 아닐 지경이다. 범진보
진영 후보들이 그렇다. 아예 정당 이름부터 '기본소득당'인
신지혜 후보가 눈에 띈다. 다른 후보들이라고 해서 기본소
득을 이야기하지 않고 있던 것이 아니다.

기본소득한국네트워크는 2021년 3월 19일부터 24일까
지 4·7 재보궐선거에 출마한 후보들에게 기본소득에 대해
질의했다. 이를 보면 오태양 미래당 후보, 송명숙 진보당 후
보, 신지예 무소속 후보 모두 '기본소득에 대해 어떻게 생각
하십니까?'라는 질문에 대해 '지지한다'고 답했다. 여성 의
제를 전면에 내세웠다는 점에서 진보 정치 진영으로 분류될
수 있는 여성의당을 제외하면, 그 외 모든 진보정당과 후보
가 기본소득을 지지했다고 보아도 무방하다.

기본소득의 재원은 어떻게 마련할 것인가? 앞선 기본소

득한국네트워크의 질의에서 후보자들은 '기본소득을 위한 재원을 추가로 마련한다'와 '소득과 자산의 공정한 재분배를 위해 조세제도를 개편하고 증세를 하여 마련한다'를 택했다. 신지혜 기본소득당 후보는 한 발 더 나아가 국채 발행과 주권화폐 발행도 방안이 될 수 있다고 답했다.

물론 그것은 현실적으로 불가능하다. 국민 한 사람당 월 100만 원을 기본소득으로 제공하려면, 대한민국의 인구를 5,000만 명으로 잡았을 때, 매달 50조 원의 재원이 마련되어야 한다. 1년이면 600조 원이 필요하다. 서울시장이니 서울 시민에게만 기본소득을 준다고 해도, 서울 시민을 1,000만 명으로 잡았을 때 매달 10조 원이 필요하다. 2020년 회계연도 총 세입이 465조 5,000억 원, 총 세출이 453조 8,000억 원이라는 점을 감안해보면 실로 터무니없는 숫자다. 그 어떤 증세나 국채 발행으로도 메꿀 수 없는 돈이다.

결국 용어만 다를 뿐이지 허경영의 공약과 다를 바 없는 소리다. 가령 허경영은 18세부터 국민배당금 150만 원을 지급해 부익부 빈익빈을 없애겠다고 했다. 게다가 허경영은 재원 마련에 대해 둘러대는 시늉이라도 한다. 자신이 서울시장 급여를 받지 않고 판공비로 쓸 것이 예상되는 100억여 원 역시 받지 않음으로써 시민들에게 돌려줄 수 있다는 것이다. 말도 안 되는 소리지만, 최소한의 성의는 보여주고 있는 셈이다.

소수자의
정체성 정치

국민들이 투표장에 가서 표를 던지는 가장 중요한 원인은 결국 경제다. 부동산 분노 투표가 지배했다고 해도 과언이 아닐 4·7 재보궐선거는 특히 그랬다. 하지만 그 어떤 진보정당도 우리 사회가 당면한 경제적 과제에 대해 합리적 해법을 제시하려 노력하는 모습을 보여주지 않았다. 정치 세력이 반드시 갖춰야 할 최소한의 현실 감각을 잃어버리고 말았다. 이는 진보 정치의 핵심 의제가 사라졌다는 것을 의미한다.

전통적인 좌파 경제 담론은 마르크스주의 노동 가치론에 입각해 있다. 생산력을 증진해 물질적 부를 키워야 한다는 문제의식을 지니고 있다. 이는 사실상 주류 경제학과 크게 다르지 않은 목표다. 생산력 증대를 전제로, 커지는 부를 노동자에게 유리하게 나누고, 부의 생산수단을 노동자가 소유하자는 것이 공산주의다.

우리가 알고 있는 대부분의 진보 사상은 이와 같은 발전주의 세계관을 전제로 한다. 애초에 '진보'라는 말 자체가 '앞으로 나아간다進步'는 뜻이다. 앞으로 나아가는 동력은 향상된 생산력에서 나온다. 어떤 공산주의, 사회주의, 진보 이념이건, 경제 전반의 발전과 향상을 도외시한 채로는 성립할 수 없다.

정통 마르크스주의적 세계관은 1980년대 말부터 허물어지기 시작했다. 동구권의 현실 사회주의 국가들이 차례로 몰락한 탓이다. 역사의 목적의식과 대의를 추구하는 것은 예전과 같은 힘을 갖지 못했다. 그 대신 페미니즘이나 성소수자 문제 등 일상 속 차별이나 억압을 발견하고 해결하는 것이 진보 정치의 중요한 의제로 부상했다.

기존의 좌파 세계관은 정체성의 정치와 동떨어진 것이었다. 노동자는 국경과 문화를 초월해 노동자라는 이유만으로 단일 대오를 이루는 형제였다. 반면 소수자의 정체성 정치는 태생적으로 '다름'을 중심에 놓을 수밖에 없다. 4·7 재보궐선거에서 진보정당이 모두 페미니즘이나 성소수자 문제를 언급했지만, 공동 전선을 구축하지 못한 이유도 여기에 있다.

그 차이는 4위를 기록한 여성의당과 그 외의 진보정당 사이에서 도드라진다. 여성의당은 오직 여성의 인권만을 의제로 삼는다. 성소수자 문제에는 우선순위를 부여하지 않는다. 그 외의 진보정당과 정치 세력은 여성의당이 갖고 있는 관점에 반대했다. 여성의당은 자신들의 입장이 페미니즘이라고 한다. 여성의당을 비판하는 기타 진보 진영 역시 페미니즘을 이야기한다. 대중적인 관점에서 보자면 같은 것 아니냐고 할 수도 있겠지만 '페미니즘'이라는 단어가 하나의 뜻으로 쓰이고 있지 않다는 점은 분명하다.

정의당은
왜 선거를 포기했을까?

문제의 해법은 정치에 있다. 좀더 정확히 말하자면 권력 의지에서 해법을 찾아야 한다. 실의에 빠져 고개 숙인 사업가는 비즈니스에서 성공할 수 없다. 선거에서 이겨 집권 세력이 되겠노라는 의지를 지니고 있지 않은 정당과 정치 세력은 정치적으로 승리할 수 없다. 유의미한 사회적 화두조차 던지지 못할 것이다.

이 지점에서 정의당의 행보를 비판하지 않을 수 없다. 민주당은 문재인이 당대표였던 시절 만든 당헌까지 수정해가며 기어이 후보를 냈다. 국민의 비판과 야유가 쏟아졌다. 그런데 불현듯 정의당에서 김종철 전 대표의 성추행 사건이 터졌다. 그리고 비공개로 긴급 대표단 회의를 갖더니 반성의 뜻으로 4·7 재보궐선거에 불참하겠다고 했다.

김종철의 성추행은 당사자가 인정한 사실이다. 하지만 4·7 재보궐선거는 누가 뭐라 해도 박원순 전 서울시장이 성폭력을 저질렀기 때문에 치러졌다. 그럼에도 민주당이 후보를 낸 선거를, 정의당은 왜 지레 포기했을까?

정당은 정치를 하기 위해 존재하는 집단이다. 민주주의 국가에서 가장 중요한 정치 이벤트는 선거다. 선거에 참여하지 않는 정당은 시합에 나가지 않는 운동선수와 다를 바 없다. 정의당 내에서 발생한 성폭력에 대해 진지한 반성의 뜻이 있다면 그 뜻을 갖고 선거라는 공론장에 나와야 했다. 이를 통해 국민의 질타를 받고 개선 방안을 모색하는 쪽이 정의당에는 더욱 바람직한 경로였을 것이다.

정의당은 아무것도 하지 않는 쪽을 택했다. 국회의원 6명이 있는 정의당은 선거에서 전임 시장의 성폭력 문제를 공론화하는 데 나름의 역할을 할 수 있었다. 하지만 정의당의 불참으로 박원순의 성폭력이 선거의 핵심 의제로 떠오를 기회는 사라졌다. 공백이 된 의제의 자리는 부동산에 분노한 민심이 채웠다. 민주당은 이 틈을 타 집요하게 '생태탕과 페라가모' 네거티브를 시도했다.

정의당은 잘못된 선택에 대한 대가를 치르고 있다. 쿠키뉴스 의뢰로 여론조사기관 한길리서치가 4월 10일부터 12일까지 전국 만 18세 이상 성인 남녀 1,000명을 대상으로 조사한 결과에 따르면 정의당의 지지율은 2.9퍼센트에 그쳤다. 6석을 가진 원내 3당의 지지율이 3퍼센트에도 미치지 못한다. 선거에서 보이지 않는 정당이 되고 나니 국민의 뇌리에서 빠르게 지워져가고 있다고 보아야 할 것이다. 한국 진보정당의 '대장주'라 할 정의당이 이 정도니, 다른 정당의 처지는 더 말할 필요도 없지 않을까?

진보 정치 세력은 '기본소득이면 다 해결된다'는 식의 허황된 소리를 그만두어야 한다. 다른 나라는 어떨지 모르지만 한국에서는 통하지 않는다. 기본소득이라는 단어가 등장하기 전부터 허경영이 그런 소리를 해온 탓에 유권자들이 집단 면역에 도달해 있으니 말이다. 그 대신 오늘날의 경제적·사회적·문화적 상황에 맞는 핵심 의제를 찾아야 한다. 그것을 대중에게 알리고 대중을 설득하기 위해 꾸준히 선거에 나오고 유권자와 접촉하며 정치적 입지를 확보해나가야 한다. 오랜 세월 진보정당을 지지해왔던 사람으로서 진심을 담아 드리는 조언이다.

제12장

북한과
김정은

호주머니 사정이 넉넉해지고 나면
저 망나니가 착해질 수도 있다고,
이웃들에게 말 같지도 않은 소리나 해가며
실실 웃고 있는 꼴이다.
이렇듯 누군가의 악행을 방조하거나
부추기는 사람을 영어로 'enabler'라고
부른다. 현재 대한민국은
북한의 조력자인 셈이다.

무궁화꽃이
피었습니다

　한반도 정세와 북핵 문제에 대한 한국의 대중
적 인식을 알 수 있는 단 한 권의 책을 추천해달라고 외국인
연구자가 부탁한다면 당신은 어떤 책을 추천할 것인가? 나
는 주저 없이 김진명의 소설 『무궁화꽃이 피었습니다』를 읽

으라고 할 것이다. 그 어떤 학자가 쓴 진지한 연구 서적이나 기자가 쓴 충실한 논픽션도 아닌, 소위 '국뽕' 소설을 보라고 권할 것이다.

북한 문제에 관한 한 한국인 중 상당수는 '김진명 유니버스universe'에 살고 있다. 게다가 그런 사람들은 문재인 정권의 탄탄한 지지층일 가능성이 높다. 우리 민족에게는 잠재된 무한한 에너지가 있지만, 그것은 일본과 미국 등 외세에 의해 빼앗기거나 가로막혀 있으며, 남과 북이 힘을 합쳐 그 장벽을 넘어설 때 '우리'는 세계 초강대국의 길로 나아갈 수 있다는 단순한 서사다. 그것이 상당수의 대중, 특히 여권 지지자의 정신세계를 지배하고 있다.

그러므로 '김진명 유니버스'를 이해하는 것은 현실의 북한에 대한 구체적 사실관계 몇 가지를 챙기는 일보다 남북관계를 읽는 데 더 중요한 문제일 수 있다. '함께 꾸는 꿈은 현실이 된다'는 식의 구호를 좋아하는 여권과 그 지지층의 성향을 생각하면 더욱 그렇다. 남북통일만 하면 하루아침에 일본도 미국도 넘보지 못할 주체적인 초강대국으로 거듭난다는 판타지가 오늘날 대한민국의 대북 정책과 외교에 미치는 영향을 알 필요가 있다.

『무궁화꽃이 피었습니다』의 줄거리를 요약해보자. 재미

물리학자 이휘소 박사를 모티프로 삼은 이용후 박사는 핵폭탄을 만들 수 있는 천재다. 그는 박정희의 부름을 받아 핵개발에 참여했지만, 1978년 의문의 교통사고로 숨졌다. 물론 그것은 사고가 아니라 살인이었다. 범인은 폭력조직 잔나비파의 두목 박성길.『반도일보』의 기자 권순범이 취재를 시작하자 박성길 역시 의문의 죽음을 당한다.

권순범이 도달한 결론은 박정희 정권의 핵개발을 미국이 주도한 국제 신디케이트가 가로막았다는 것이었고, 미스터리를 끝까지 추적한 끝에 청와대에 놓여 있던 청동 코끼리상에 플루토늄이 감춰져 있었다는 사실도 알게 된다. 그 과정에서 남과 북은 핵무기를 개발하고 상대의 동의를 구해야 발사 가능하도록 견제 장치를 걸어놓는다.

정통 미스터리 스릴러의 형식을 띤 소설 그 자체도 인상적이지만, 더 중요한 것은 소설 속의 소설로 등장하는 '일본 응징 시나리오'다. 남·북한과 러시아를 잇는 송유관이 완성되자 미국과 일본은 불안감을 느낀다. 일본 극우 단체가 독도에 상륙해 할복 퍼포먼스를 벌이고 독도를 점령한다. 한국은 공군을 동원하지만 일본의 압도적인 전력을 이겨낼 수 없다. 미국은 뒷짐 지고 방관한다. 일본은 한국을 완전히 꺾어놓기 위해 포항제철을 공습한다. 우리에게는 핵이 있으니 공격을 중단하라는 경고를 일본은 무시한다. 한국의 대통령은 북한에 핫라인으로 연락하고, 일본의 무인도를 향해 핵폭탄을 쏴서 일본의 항복을 받아낸다.

공정을 기하기 위해 미리 말해둘 필요가 있겠다.『무궁화 꽃이 피었습니다』가 출간된 것은 1993년이었고, 당시 대중문화는 (그때는 그런 용어가 없었지만) '국뽕'과 반일, 반미로 점철되어 있었다. 가령 만화가 이현세는 스토리작가 야설록과 힘을 합쳐 1994년『남벌』이라는 작품을 내놓았다. 중동에 발생한 무력 분쟁으로 인해 석유 수입에 곤란을 겪은 일본이 인도네시아를 무력 점령하면서 한국인들을 억류하고, 이에 양국 간 갈등이 커져 전쟁으로 비화하는데, 결국 한국이 이긴다는 내용이다.

물론 그 과정에서 북한의 공헌이 지대하다. 한국이 제공한 장비를 이용해 북한 기술자가 일본의 전파를 교란하면서 "남조선에서 넘어오는 TV 전파를 매번 차단하고 있던 터라 기술력이 좋다"고 너스레를 떤다거나, 고도로 훈련된 북한 특수부대가 한국에 노하우를 전수한다거나 하는 식이다. 남과 북이 힘을 합쳐 일본을 무찌르는 이야기 구조 자체가 일종의 '원형 서사'로 자리매김하고 있었던 셈이다.

하나가 된 남북의 저력은 고작 일본만 이기고 말 수준이 아닐지도 모른다. 김경진의 소설 『데프콘』 시리즈에 따르자면 그렇다. 통일 한국의 국력에 위기감을 느낀 중국은 대만을 무력으로 병합하고 베트남까지 위협하던 중 통일 한국에 총부리를 겨눈다. 외세에 의해 분단되었을 때에는 주변 열강에 치이는 신세였지만 하나가 되고 나니 우리 민족은 정말 강했기에, 개성과 서울에 핵폭탄을 맞고도 중국을 이기고 유리한 조건에서 휴전협정을 체결한다. 이것이 1996년 처음 출간된 『데프콘』 시리즈 1부 '한중 전쟁'의 내용이다. 통일 한국은 일본과도 싸워서 이기고, 심지어 태평양 건너 미국과도 전쟁을 해서 그들의 콧대를 보기 좋게 꺾어놓고 만다.

우리에게
힘이 되는 존재

남북이 힘을 합쳐 미국을 대표로 한 외세를 이겨내고 자존심을 드높이는 이야기 구조는 최근에도 꾸준히 만들어지고 또 소비되고 있다. 웹툰을 영화화한 양우석 감독의 〈강철비〉가 대표적이다. 2017년에 개봉된 〈강철비〉는 북한에서 쿠데타가 발생해 '권력 1호'가 한국에서 은밀히 치료받는 가운데 일본·중국·미국 등 열강의 입김이 오가다 결국 북한 핵무기 절반을 한국이 넘겨받으면서 끝난다. 최종 445만여 명의 관객이 관람했다.

이와 같은 이야기 구조를 지닌 작품들을 통틀어 '민족 합체물'이라고 불러보자. 로봇이 합체·변신해 막강한 악당을 물리치는 아동용 애니메이션의 내용을 연상하면 된다. 민족 합체물이 현실에 미치는 영향력은 흔히 생각하는 것보다 훨씬 크고 심각하다. 단지 대중소설이나 영화 수준에 머물러 있는 것이 아니기 때문이다.

대부분의 민족 합체물은 하나의 전제를 공유한다. 북한의 핵은 우리에게 위험하지 않다는 것이다. 왜냐하면 남북통일 후 우리의 소유가 되거나, 설령 통일되지 않더라도 북한이 겨냥하는 적은 미국 혹은 일본이기 때문이라는 논리다.

사실관계를 조금만 떠올려보아도 말이 안 되는 소리다. 2020년 6월 북한은 개성공단 내 남북연락사무소를 폭파했다. 2010년 3월 천안함 폭침과 1999년 6월과 2002년 6월 연평해전, 1990년대로 돌아가면 강릉 무장공비 침투 사건 등도 떠올려볼 수 있다. 미국, 일본, 중국, 러시아, 북한 중 군사력을 동원해 고의로 한국의 인명과 재산상 피해를 유발하는 국가는 북한이 유일하다. 그러므로 북한의 핵은 우리에게 위협이 된다.

'상식적'으로 생각하면 그럴 것 같지만, 나의 상식이 다른 사람의 상식과 꼭 같으리라는 법은 없다. 적어도 '김진명 유니버스'에 사는 이들의 상식은 그렇지 않다. 나는 지금 소수의 대중문화 애호가들을 염두에 두고 말하는 것이 아니다. 2017년 갤럽에서 14개국을 대상으로 수행한 비교 조사에 따르면 북한의 핵무기 사용 가능성에 대해 '가능성 있다'고 답한 사람의 비율은 미국 46퍼센트, 일본 45퍼센트, 한국 35퍼센트로 나타났다. 고작 2년 전인 2015년 비무장 지대에서 북한의 목함 지뢰에 우리 군인 2명이 중상을 입은 사건이 벌어졌지만, 65퍼센트의 한국인은 북한이 핵무기를 사용할 가능성이 없다고 믿고 있었다.

단 한 편의 소설이 이런 거대한 착시를 불러왔다고 말한다면 이는 분명 과대평가일 수 있다. 하지만, 『무궁화꽃이 피었습니다』 이후 쏟아진 민족 합체물이 북한 핵 문제에 대한 대중적 인식에 영향을 미치지 않았다고 본다면 그 또한 대중문화의 힘을 과소평가하는 것일 수밖에 없다. 북한의 도발이 있건 없건 한국인의 일상은 끊이지 않고 흘러간다. 그런 상황에서 대중문화 콘텐츠 속의 북한은 언제나 '낯설지만 결국 우리에게 힘이 되는 존재'로 묘사되고 있으니, 65퍼센트의 국민이 북한의 핵무기 사용 가능성을 '없다'고 생각하는 것이 결코 이상한 일은 아니다.

물론 북한의 핵을 우리가 넘겨받음으로써 핵보유국이 되는 시나리오는 현실에서 가능하지 않다. 김진명도 그렇게 생각한다. 2019년 11월 『중앙일보』와 한 인터뷰에서 인정한 바다.

"자칫 잘못 생각하면, '통일하면 우리 건데'라고 할 수 있는데, 그건 아닙니다. 한국은 결심만 하면 핵무기를 만들 수 있어요. 한국이 핵무기를 만드는 건 미국이 동의할 때입니다. 한국이 핵을 만드는 건 미국하고 바로 적이 되는 것인데, 어리석은 것이죠."

우리의 소원은 전쟁

그런데 이 말을 선뜻 믿자니 좀 걸리는 부분이 있다. 인터뷰를 하기 3개월 전인 2019년 8월, 김진명은 『무궁화꽃이 피었습니다』에서 소설 속 소설로 등장한 일본의 한국 침략 시나리오를 만화로 각색해 출판한 바 있기 때문이다. 일본의 극우 단체가 독도를 점령하면서 무력 충돌을 도발하고, 남과 북이 함께 만든 핵폭탄을 맞아 백기를 든다는 줄거리가 모두 동일한 그 작품의 이름은 다름 아닌 『아무도 흔들 수 없는 나라』다.

그렇다. 일본에서 반도체 제작 공정의 핵심 소재인 불화수소 수출을 막았을 때 문재인이 2019년 광복절 경축사에 내놓은 발언에서 따온 것이다. 심지어 책 표지에는 문재인과 김정은의 캐리커처가 각각 파란색과 빨간색으로 그려져 있다.

출판사에서 제공한 책 소개의 한 문장을 읽어보자. "일본의 독도 침략과 경제 전쟁이 일어나고 있는 지금, 이 책은 변화된 지금의 국제 관계를 냉정히 직시해보자는 생각으로 기획 제작되었다."

북한과 힘을 합쳐 일본을 핵무기로 굴복시킨다는 폭력적 쇼비니즘(맹목적·호전적 애국주의)이 담긴 내용으로 무엇을 '냉정히 직시'하자는 것일까? 알 길이 없다. 그 대신 분명한 사실 하나가 남는다. '민족 합체물'의 소비자에게 허구와 현실의 경계는 매우 희박하거나 없다. 설령 현실이 그들의 허구에 맞지 않는다 해도 그것은 허구가 아니라 현실이 잘못된 것이다. 왜냐하면 꿈은 이루어지고, 길은 처음부터 나 있는 것이 아니라 걷다 보면 만들어지며, 함께 꾸는 꿈은 현실이 되기 때문이다.

나는 표현의 자유를 중요하게 생각하는 선량한 시민으로서, 민족 합체물이 소비의 대상에 머무는 것이 아니라 북한 전반에 대한 국민의 인식에 영향을 미치고 있다 한들 그것을 문화계 외부의 힘으로 밀어내거나 억압해서는 안 된다고 생각한다. 결국 해법은 현실에 입각해 혹은 보편적인 가치를 지향할 수 있는 더 나은 서사 구조를 만들고 그것을 대중적으로 소비해 '대세'를 바꾸는 것이다. 문제는 그 방법을 펼치기가 현재로서는 매우 묘연한 상황이라는 데 있다.

가령 소설가 장강명의 『우리의 소원은 전쟁』을 펼쳐보자. 이야기는 '최선의' 북한 붕괴 시나리오에서 시작한다. "김씨 왕조가 평화적으로 무너졌고, 국지전이 발발하지 않았고, 대규모 난민이 발생하지 않았고, 중국 군대가 북한에 주둔하거나 북한 일부가 중국에 편입되지도 않았다."

이것을 최선이라고 할 수 있느냐고 묻는 사람은 북한 문제를 진지하게 고민해본 적 없는 사람이다. 추정컨대 핵무기를 보유하고 있으며, 다소 거품이 껴 있기는 하지만 120만여 명의 병력이 존재하고, 군사 영역을 제외한 모든 부분에서 철저히 실패하고 망가진 곳이 바로 북한이기 때문이다. 게다가 압록강과 두만강 너머에는 미국과 패권을 다투며, 티베트와 신장웨이우얼자치구新疆維吾爾自治區를 병합한 전례가 있는 중국이 있다. '북한 붕괴로 인한 통일'이라는 사건이 소설의 묘사처럼만 벌어진다면 실로 역사적 행운일 수밖에 없다.

그럼에도 『우리의 소원은 전쟁』의 줄거리는 암울하기 짝이 없다. 주인공 중 한 사람인 강민준이 군대에 두 번 가게 되었기 때문만은 아니다. 북한의 치안을 한국이 주도하는 평화유지군이 도맡게 되었다는 상황 자체가 문제적이다.

일제강점기와 미군정기를 지나 건국된 대한민국에서 사는 국민들은 자신들이 타국에 군대를 보내 치안을 유지하고 통치하는 상황 자체를 잘 상상하지 못한다. 그런 현실을 반영하기라도 한 듯, 고통을 감수하더라도 최대한 많은 병력과 자원을 투입해 북한의 치안과 행정을 수립해야 할 테지만, 소설 속에서는 한국 정부에 그런 의지가 없는 상황이 제시된다. 결과는 예상할 수 있는 바다.

"김씨 왕조 시절의 북한은 불량 국가, 막장 국가였다. 김씨 왕조가 붕괴된 뒤 북한은 좀비 국가가 되었다. 국가라는 탈을 간신히 쓴 약육강식의 무정부 사회였다."

독자의 오해를 피하기 위해 말하자면『우리의 소원은 전쟁』은 재미있다. 액션 장면이 많이 등장하는 장르 소설을 처음부터 지향하고 만든 작품이다. 김씨 집안의 세습 독재가 끝난 후 디스토피아가 되어버린 북한 지역은 그러한 이야기의 무대로서 완벽하게 작동한다. 장강명은 미국의 전직 군인이자 탐정 캐릭터인 '잭 리처Jack Reacher'를 오마주한 전직 북한 특수부대원 '장리철'을 주인공으로 내세운다. 그래서인지 독자의 반응도 좋았고, 비록 실제 제작되지는 않고 있지만 영화 판권도 금세 팔렸다. 하지만『우리의 소원은 전쟁』은 제2의『무궁화꽃이 피었습니다』로 거듭나지 못했다. 두 작가가 등에 업고 있는 대중적 정념의 차이 때문이다.

덜 군국주의적이며
더 휴머니즘적인 서사

『무궁화꽃이 피었습니다』는 북한의 핵을 용납하고서라도 일본에 '본때를 보여주고' 싶은, 말하자면 '뜨거운' 정념을 바탕에 깔고 있는 소설이다. 일제강점기를 직접 겪어본 적도 없거니와, 저비용 항공의 출현 이후에는 돈 몇

푼만 생기면 국내 여행 대신 일본 여행을 택하던 젊은이들이 불현듯 '독립운동은 못했어도 불매운동은 한다'며 SNS에 인증샷을 올리던 2019년 여름의 광경을 떠올려보자. 초대 대통령 이승만부터가 지지 기반이 약해졌다 싶으면 반일 감정을 부추겨 동력으로 삼았을 만큼 광복 이후 이 땅에서 반일주의는 실패한 적이 없는 대중 동원 코드다.

반면 『우리의 소원은 전쟁』에는 '차가운' 정념이 깔려 있다. 좀더 정확히 말하자면 우울하다. 김씨 일가가 정당치 못한 방식으로 권력을 틀어쥔 채 북한 주민을 착취하고 있다는 사실을 알고는 있지만, 그렇다고 북한을 해방시키기 위해 군사 행동도 불사하자고 목청을 높이자니 '틀딱(노인을 비하하는 말)'처럼 보일 것 같고, 전쟁은 더더욱 피하고 싶고, 그렇다고 북한이 붕괴하는 것도 딱히 원치 않는, 끝없는 '판단 보류' 상태를 반영하고 있다. 최선의 북한 붕괴 시나리오를 전제하더라도 디스토피아 속에서 벌어지는 액션 활극은 일본에 핵을 쏘는 군국주의 판타지를 능가할 만한 말초적 쾌락을 안겨주지 못하는 것이다.

사실 북한의 현실뿐만 아니라 그 북한을 바라보는 국민, 특히 젊은 세대의 시각을 한결 더 잘 반영하는 쪽은 장강명이다. 최근 통일연구원이 수행한 '통일의식조사 2020'을

보면 "북한에 대해 얼마나 관심이 있느냐"는 질문에 대해
20~30대 모두 65퍼센트 이상이 '관심 없다'고 답했다. 연
령대를 전체로 넓혀놓고 보아도 61.1퍼센트가 '관심 없다'
고 한다. 심지어 북한이 핵을 포기할 것이라고 믿는 이는 응
답자 중 10.5퍼센트에 불과했다.

국민 중 절반 이상은 사실 북한에 관심이 없고, 전쟁만 나
지 않으면 만족할 뿐이라는 생각을 하고 있다고 추측해볼
수 있다. 이렇듯 다수의 이해관계자가 무관심하거나 방관하
는 사이 우리의 안전을 위협하는 모험적인 대북 정책이 연
이어 시도되었고 모두 실패로 돌아갔다. 그럼에도 대중 서
사의 영역에서는 여전히 '민족 합체물'이 주류를 이루고 있
다. 현실의 대북 정책은 남과 북이 힘을 합쳐 휴전협정 체제
를 종식시키자는 민족 합체물에 더욱 가까워졌고 말이다.

민족 합체물을 대체할 만한 북한 소재 서사가 없다는 점
은 보수·중도 진영이 북한 관련 어젠다 설정 능력을 완전히
잃어버린 현실을 고스란히 반영한다. 북한을 절대악으로 삼
는 반공주의 서사는 원래 인기가 없었고 질이 낮았기에 시
장에서 자연스레 퇴출되었다. 문제는 그다음이다. 진보 진
영에서 민족주의적 열망을 고스란히 흡수해 민족 합체물이
라는 형식을 만들고 숙달하는 동안 보수·중도 진영은 대체

무엇을 하고 있었는가?

그 결과 대한민국은 국민의 90퍼센트가 김정은을 믿지 않으면서도 김정은과 정상회담을 한다는 이유만으로 대통령 지지율이 껑충껑충 뛰어오르고, 북한이 원치도 않는데 남북철도를 놓겠다고 설쳐도 정치적 타격을 받지 않는 이상한 나라가 되고 말았다.

우리가 이 땅에 사는 한 북한 문제를 피할 수 없다. 북한에 대해 이야기하고, 우리의 이야기 속에 북한이라는 존재가 등장하는 것을 피할 수 없다는 말과도 같다. 지금 우리에게 필요한 것은 변화한 현실에 맞는 대북 정책뿐만이 아니다. 북한을 바라보고 우리의 일부로 받아들이는, '민족 합체물'보다 덜 군국주의적이며 더 휴머니즘적인 어떤 사고와 서사의 양식이 절실히 필요하다.

남한은 북한의 조력자인가?

'북한을 이긴다'와 '잘살아보세'

영화과 학생이 아니라도 영화에 관심이 있다면, 거의 모든 사람이 알고 있는 교과서가 한 권 있다. 미국 서던캘리포니아대학 영화·텔레비전 학교의 교수이며 지금도 현역으로 할리우드 주요 제작사의 스토리 컨설턴트로 활동하는 로버트 매키Robert Mckee의 『STORY: 시나리오 어떻게 쓸 것인가』다.

책의 서문에서 매키는 선언한다. 이 책은 이야기의 전형이 아니라 원형에 관한 것이라고. 시대·장소·문화·인종을 불문하고 사람이라면 누구나 이해하고 공감할 수 있는 이야기의 틀이 있다. 이를 이해하고 활용하는 것이 대중을 상대로 한 스토리텔링의 핵심이다. 구조는 어렵지 않다. 주인공hero이 있고, 주인공이 이루어야 할 목표quest가 있다. 목표 달성을 방해하는 반反주인공, 즉 안티히어로anti-hero가 등장한다. 우리가 아는 거의 모든 이야기는 이러한 원형적 구조 위에 성립하고 있다는 것이 매키의 설명이다.

이야기의 성패를 좌우하는 요소는 주인공도 퀘스트도 아니다. 안티히어로를 얼마나 잘 만드느냐, 그 안티히어로의 행동이 얼마나 흥미진진하냐에 따라 관객의 집중도가 오르내린다. 영화나 드라마의 흥행 여부는 이에 달려 있다. 이야기가 막히면 악역을 다시 검토해볼 일이다. 매키의 책뿐만 아니라 모든 시나리오 작법서에서 공히 지적하는 내용이다.

대한민국, 특히 한국 보수 정치에 그 '악역'은 북한이었다. 북한을 이기기 위해 한일협정(1965년)을 맺고 경제개발에 박차를 가한 박정희 정권 때부터 이 구도가 더욱 분명해졌다. 박정희는 1961년 대통령에 당선되었다. 북한 김일성 체제의 황금기인 1960년대와 겹친다. 북한의 전후 복구와 경제성장은 실로 놀라웠다. 일본에서 공부한 화학자 리승기가 1950년 월북한 후 합성 섬유 비날론Vinalon 생산 단지를 건설해낸 것 또한 1961년이다. 갓 집권한 박정희 정권은 모든 면에서 북한을 이기는 것을 자신들의 과제, 즉 퀘스트로 삼을 수밖에 없었을 테다.

'북한을 이긴다.' 그 퀘스트는 도덕적 당위도 포함하고 있었다. 군인과 민간인을 합쳐 137만여 명의 사상자를 냈고 온 국토를 쑥대밭으로 만든 6·25전쟁이 끝난 지 고작 10여 년이 흐른 시점이었다. 전쟁의 참상과 공포는 대학에 들어가서야 선배들을 통해 알게 되는 '감춰진 진실'이 아니었다. 모든 이가 보고 듣고 겪어서 아는 실질적 위협이었다.

보수는 정치적으로 성공을 거두었고 대한민국도 번영의 길에 들어섰다. 그 원인은, 아주 근본적으로 따지고 들어가면, '북한을 이긴다'는 퀘스트가 지닌 힘 때문이었다. '잘살아보세'라는 박정희 정권의 모티프는 경제 번영을 향한 열망을 자극하는 것이기도 했지만, 동시에 '살아남아야 한다'는 절박한 생존 본능을 자극하는 것이기도 했다.

이는 온 국민을 일종의 전시체제로 몰아넣었다. 진보 진영에는 바로 그런 이유로 박정희 정권과 그들이 만들어낸 대한민국을 도매금으로 매도하는 경향이 있다. 일리가 없는 것은 아니지만, 전적으로 옳다고 할 수는 없다. 한반도는 종전이 아닌 휴전 상태의 화약고였으니 말이다. 한국 보수 정치는 전쟁의 상흔이 채 가시지 않은 나라에서 또다시 발생할 수 있는 위험에 맞서기 위해 국민을 산업역군이자 전쟁용사로 만들기 위한 프로젝트에 돌입했다.

이 전략은 대성공을 거두었다. 군인 출신의 정치인들은 근대적 시스템에 익숙했다. 한마디로 유능했다. 그것이 전부는 아니었다. 북한에 맞서 잘살고 잘 싸울 수 있는 준비를 하자는 목적의식과 동기부여에 국민이 호응했다. 분명한 전략은 분명한 국가적 서사national narrative로 이어졌다. 국가적 서사는 국민들을 그 서사 속의 주체로 재정립했다.

기아와 영양실조의 땅

이 서사가 흔들리기 시작한 시기는 1990년대다. 1994년 김일성이 사망했다. 1989년 독일 베를린 장벽이 무너졌고 1991년 소련이 해체되었다. 한 시대가 끝나간 다는 것은 분명해 보였지만, 당시만 해도 평범한 한국인이 접할 수 있는 세계 소식은 극히 제한되어 있었다. 냉전 시대의 종말과 그로 인한 변화를 한국인들은 김일성의 사망으로 실감했다.

북한은 거의 멸망 직전에 이르고 말았다. 서울을 불바다로 만들겠다고 엄포를 놓고 쌀과 라면 등을 사재기하게 만든 지 얼마 지나지 않은 무렵부터였다. 두만강과 압록강 너머로 보이는 북한은 내전 상태의 소말리아를 연상케 할 만큼 처참한 기아와 영양실조의 땅이었다. 김일성은 죽었고 김정일은 뭐 하는 사람인지 모르겠는데 북한 주민들은 굶어 죽어가고 있는 상황이 펼쳐졌다.

'북한을 이기기 위해 경제를 개발해야 한다. 잘살아보자, 잘살아 남아보자.' 1961년 이후 30년 넘게 지속된 대한민국의 서사에 일대 변곡점이 다가왔다. 주인공은 그대로이고 퀘스트도 딱히 달라지지 않는데, 안티히어로가 제풀에 쓰러지고 말았다. 이제 우리는 어떻게 살아야 하는가? 누구와 싸워야 하는가? 무엇을 추구해야 하는가?

질문에 대한 답을 구할 시간을 한국 사회는 갖지 못했다. 1990년대의 흥청망청하는 분위기에 휩쓸린 탓도 있고, 더욱 결정적으로는 1997년 외환위기의 충격 때문이었다. '잘 살아보세'를 외치며 30여 년을 달려왔는데 망했다. 순식간에 거지가 되었다. 적어도 그 시점에는 다들 그렇게 느꼈다. 어떻게든 다시 잘살아야 하는데, 이번에는 '우리도 한번' 잘 살아보자는 게 아니었다. 네가 망하건 말건 나만 잘살아야 한다는 각자도생의 시대가 열렸다.

게다가 북한이 너무도 비참하게 몰락했다. 물론 우리도 외환위기로 힘들었지만 '고난의 행군'이라고 불린 북한의 경제적 비참은 그보다 빨리 시작되었다. '꽃제비'로 불리는 어린이들이 굶주려 구걸하러 다니는 처지가 되었다는 소식까지 알려지자 북한을 향한 한국인의 경각심은 급격히 사그라졌다. 그런 나라와 경제적으로 대결한다는 것은 아무 의미가 없는 일일 테니 말이다.

북한을 상대로 경쟁심을 품는 것이 무의미해진 상황에서, 그 빈자리를 채워넣은 것은 김진명을 필두로 한 수많은 대중소설 작가가 만들어낸 '민족 합체물'의 서사였다. 북한의 천연자원과 저렴한 노동력과 한국의 기술력이 결합하면 일본쯤은 가볍게 누를 수 있는 세계 초강대국이 될 수 있다는 환상적 서사가 대북 담론의 주류 자리를 꿰찼다.

낭만적 대북관과
구차한 대일관

　'민족 합체물'의 판타지는 범여권에 더욱 친화적이다. 김대중이 창당한 새정치국민회의에서 공천을 받아 김진명이 국회의원 후보로 출마했다는 사실만 놓고 보더라도 잘 알 수 있다. 1990년대 말부터 설정된 범여권의 공식적인 북한관은 그런 모습을 띠고 있다.

　문제는 현재의 야권, 전통적 보수가 과연 어떤 눈으로 북한을 바라보고 있느냐다. 지금도 북핵은 우리 안보의 가장 큰 위험 요소다. 온갖 군사 도발을 통해 우리 국민의 생명과 재산을 직접적으로 위협해온 유일한 집단이 바로 북한이라는 사실 또한 변함이 없다.

　그럼에도 1960년대 이후 30여 년간을 유지해온 북한에 대한 이미지를 그대로 유지할 수는 없다. 이명박과 박근혜의 대북 정책에 '정책'으로서, 혹은 그 배후의 '철학'으로서, 김대중·노무현 시절의 그것과 다른 무언가를 찾을 수 있는가? 외려 박근혜는 '통일은 대박이다'라고 선언하기까지 했다. 북한을 일종의 미개척 노다지로 바라보는 시각이었다. '민족 합체물'의 서사와 크게 다를 게 없는 소리다.

그것은 박근혜 혼자만의 탓이 아니다. 보수 진영 전체가 북한관을 업데이트하지 못했기 때문에 벌어진 일이다. 북한은 재래식 군사력으로는 우리에게 더는 큰 위협이 아니게 된 시점에 핵을 개발하다가 발각되었다. 그렇다면 북한을 극복하기 위한 경제성장이라는 20세기 대한민국의 내러티브 또한 전면적 수정이 이루어졌어야 한다.

정작 보수 진영은 1997년 외환위기와 함께 찾아온 김대중의 당선 앞에 원투펀치를 맞고 그로기 상태에 빠져들었다. 그들 대부분은 박정희가 세팅해놓은 틀 위에서 고민 없이 내달리는 경주마 같은 존재들이었다. 세상의 규칙이 통째로 달라지고 있다는 사실을 이해하지도 못했던 것 같다. 이명박과 박근혜가 연이어 당선되어 10년의 집권기를 가졌지만, 국정교과서 논란 같은 퇴행적 이벤트나 벌였을 따름이다.

20세기가 아닌 21세기의 북한을 어떻게 바라볼 것인지, 세계 10위권의 무역 대국으로 성장한 대한민국이 최악의 실패 국가인 북한을 어떻게 이해하고 다루어야 하는지, 진지한 논의가 전혀 이루어지지 않았다. 그동안 반미주의의 세례를 강하게 받은 386세대가 한층 더 낭만적으로 변한 대북관, 거기에 한층 더 지독하면서도 구차해진 대일관을 들

이밀며 우리를 '한 번도 경험해본 적 없는 나라'로 인도하고
있다.

반인륜적 만행까지 저지르는
나쁜 친척

결국 어떤 지경에 이르렀는가? 2020년 9월
22일 북한이 해양수산부 소속 어업 지도 공무원을 총살하
고 시신을 불태운 반인륜적 만행을 저질렀다. 2010년 3월
북한의 천안함 폭침에는 우리 국민 40명이 사망했고 6명이
실종되었다.

대관절 우리에게 북한은 무엇인가? 아무리 눈을 감고 귀
를 막는다 한들, 세계 최악의 실패 국가이며 아우슈비츠를
연상시키는 강제수용소를 숱하게 운영하는 최악의 인권 탄
압 국가가 우리와 국경을 맞대고 있으며 우리 국민의 생명
과 재산을 위협하고 있다는 사실이 바뀔 리는 없다. 보수뿐
만 아니라 진보 역시 이런 기본적 사실을 부정해서는 안 된
다. 현실을 부정하기 위해 '민족 합체물'과 같은 판타지에
몰두하는 것은 바람직한 태도가 아니다.

우리에게 북한이란 친하게 지낼 수는 없지만 완전히 외면할 수도 없는 존재다. 우리에게 피해를 입히지만 다른 이웃에게도 폐를 끼친다. 결국 뒷감당은 우리의 몫이다. 그렇다. 북한은 짐이다. 하지만 남에게 떠넘길 수도 없다. 술 마시고 싸우고 빚지고 행패를 부리는 나쁜 친척 같은 존재다.

　'반인륜적 만행까지 저지르는 나쁜 친척.' 북한을 이렇게 정의하고 나면 문재인 정권의 대북 정책에서 잘못된 지점이 눈에 들어온다. 미국, 중국, 일본 등 주변 관계국이 볼 때 한국과 북한은 한 나라였지만 분단된 사이다. 역사적 맥락을 고려해본다면 한국이 북한에 대해 더 큰 책임을 지는 것은 당연하다. 우리가 잘못한 것이 아니더라도 북한의 잘못에 대해 우리가 먼저 미안해하며, 북한이 바람직한 국제사회의 일원이 될 수 있도록 계도하고 이끌어야 할 책임이 우리에게 있다.

　문재인 정권은 정반대의 길로 향한다. 북한이 외국과 우리에게 행패를 부려도 그저 비위를 맞추고 굽신거리느라 정신이 없다. 나쁜 친척이 술 마시고 이웃에게 폐를 끼치는데, 혼내고 말리기는커녕 뒷주머니로 술값 더 찔러주지 못해 안달이다. 호주머니 사정이 넉넉해지고 나면 저 망나니가 착해질 수도 있다고, 이웃들에게 말 같지도 않은 소리나 해가며 실실 웃고 있는 꼴이다. 이렇듯 누군가의 악행을 방조하거나 부추기는 사람을 영어로 'enabler'라고 부른다. 현재 대한민국은 북한의 조력자助力者인 셈이다.

한반도의 통일과 관련해 한 외국 석학은 한국 언론에 질문을 던졌다. 통일에 찬성하느냐고 물으면 젊은이들 상당수가 반대한다. 하지만 질문을 바꿔보자. 북한이 무너진다면 중국이 관리해야 할까? 한국이 관리해야 할까? 이렇게 묻는다면 모두 우리가 책임져야 한다고 답한다는 것이다. 이 문답 속에 북한 문제에 대한 해법이 담겨 있다고 생각한다.

통일은 대박이 아니다. 박근혜 정권도 그랬고 문재인 정권도 마찬가지다. 앞으로도 대박이 될 일은 없을 것이다. 한때 우리를 위협해 대한민국의 경제성장과 군사력 강화를 부추겼던, 수족관의 메기 노릇을 해주었던 북한은 이제 언제 무너질지 모르는 삐뚤어진 탑과 같다. 게다가 그들은 핵무기도 가지고 있다. 온전한 정신이 아닌 상태로 행패를 부리는 나쁜 친척의 손에 흉기까지 들려 있는 셈이다.

어떻게 해야 할까? 어쩌면 너무도 큰 질문이다. 일단 우리는 대한민국이라는 주인공을 규정하는 안티히어로의 성격이 달라졌다는 것을 인지하는 것에서부터 출발할 필요가 있겠다. 20세기 후반, 냉전 시대의 북한은 공산주의 진영에서 그 나름 잘나가는 모범 국가였다. 21세기의 북한은 국제사회의 문제아일 뿐이다. 그 북한이 우리와 주변에 끼치는 해악을 최소화하고, '사람 구실' 하게 만드는 것이 선진국이 된 대한민국의 퀘스트라고 할 수 있다.

「South Korea's liberal rulers unleash their inner authoritarians」, 『The Economist』, August 20, 2020.

Andrew Tudor, 「Film and the Measurement of its Effects」, 『Screen』, Volume 10, July/October, 1969.

Yuval Harari, 「the world after coronavirus」, 『Financial Times』, March 20, 2020.

김경진, 『데프콘 1부 : 한중 전쟁』(전4권), 씨앗을뿌리는사람, 1999년.

김어준·지승호, 『닥치고 정치』, 푸른숲, 2011년.

김진국, 「북한 핵은 없애야…통일하면 우리 거란 생각은 잘못」, 『중앙일보』, 2019년 11월 23일.

김진명, 『무궁화꽃이 피었습니다』(전2권), 새움, 2020년.

──, 백철 그림, 『아무도 흔들 수 없는 나라』, 새움, 2019년.

김형민, 「6월 항쟁은 아직 끝나지 않았다」, 『뉴스톱』, 2018년 1월 9일.

데이비드 스트라우브, 김수빈 옮김,『반미주의로 보는 한국 현대사』, 산처럼, 2017년.

로버트 매키, 고영범·이승민 옮김,『STORY: 시나리오 어떻게 쓸 것인가』, 민음인, 2002년.

마이클 샌델, 함규진 옮김,『공정하다는 착각』, 와이즈베리, 2020년.

미셸 마페졸리, 박정호·신지은 옮김,『부족의 시대』, 문학동네, 2017년.

미치코 가쿠타니, 김영선 옮김,『진실 따위는 중요하지 않다』, 돌베개, 2019년.

박재흥,「선(先)산업화 후(後)민주화 세대 구분 옳지 않아」,『교수신문』, 2006년 6월 7일.

박찬수,『NL 현대사』, 인물과사상사, 2017년.

봉달호,「나는 왜 윤미향 씨처럼 저축하지 못했을까」,『신동아』, 2020년 7월호.

스티븐 핑커, 김명남 옮김,『우리 본성의 선한 천사』, 사이언스북스, 2014년.

아르놀트 하우저, 반성완·염무웅·백낙청 옮김,『문학과 예술의 사회사』(전4권), 창비, 2016년.

애덤 스미스, 유인호 옮김,『국부론』(전2권), 동서문화사, 2017년.

에이미 추아, 김승진 옮김,『정치적 부족주의』, 부키, 2020년.

오연호·조국,『진보집권플랜』, 오마이북, 2010년.

이나가키 히데히로, 조홍민 옮김,『식물도시 에도의 탄생』, 글항아리, 2017년.

이로사,「연속극 '내 남자의 여자'와 '김수현 드라마'의 힘」,『경향신문』, 2007년 5월 16일.

이영미,『동백아가씨는 어디로 갔을까』, 인물과사상사, 2017년.

이준석,『공정한 경쟁』, 나무옆의자, 2019년.

이현세·야설록,『남벌』, 학산문화사, 1994년.

임미리,『경기 동부』, 이매진, 2014년.

장 자크 루소, 김영욱 옮김,『사회계약론』, 후마니타스, 2018년.

장강명, 『우리의 소원은 전쟁』, 위즈덤하우스, 2016년.

재러드 다이아몬드, 강주헌 옮김, 『문명의 붕괴』, 김영사, 2005년.

조국백서추진위원회, 『검찰개혁과 촛불시민』, 오마이북, 2020년.

존 메이너드 케인스, 조순 옮김, 『고용, 이자 및 화폐의 일반이론』, 비봉출
　　　판사, 2007년.

주대환, 『주대환의 시민을 위한 한국 현대사』, 나무나무, 2017년.

최병택, 『일제하 조선임야조사사업과 산림 정책』, 푸른역사, 2010년.

카를 슈미트, 김효전·정태호, 『정치적인 것의 개념』, 살림출판사, 2012년.

필리프 아리에스, 고선일 옮김, 『죽음 앞의 인간』, 새물결, 2004년.

한운사, 『구름의 역사』, 민음사, 2006년.

불평등 정치

ⓒ 노정태, 2021

초판 1쇄 2021년 7월 30일 찍음
초판 1쇄 2021년 8월 6일 펴냄

지은이 | 노정태
펴낸이 | 강준우
기획·편집 | 박상문, 고여림
디자인 | 최진영
마케팅 | 이태준
관리 | 최수향
인쇄·제본 | ㈜삼신문화

펴낸곳 | 인물과사상사
출판등록 | 제17-204호 1998년 3월 11일

주소 | (04037) 서울시 마포구 양화로7길 6-16 서교제일빌딩 3층
전화 | 02-325-6364
팩스 | 02-474-1413

www.inmul.co.kr | insa@inmul.co.kr

ISBN 978-89-5906-611-7 03300

값 16,000원